일상의 모든 순간,
# 스페인어 단어장

문예림

Vida dia ria! palabras de uso diario en
Español, coreano e inglés.

**초판 1쇄 발행** 2025년 7월 25일

**지은이** 라이몬 블랑카포르트 · 김은경
**펴낸이** 서덕일
**펴낸곳** 도서출판 문예림

**출판등록** 1962년 7월 12일 (제1962-1호)
**전자우편** info@moonyelim.com
**홈페이지** www.moonyelim.com
**문의사항** 카카오톡 '문예림' 검색 대화 신청

이 책은 저작권법에 의해 보호를 받는 저작물이므로 무단 복제 · 전재 · 발췌할 수 없습니다.
잘못된 책은 구입하신 곳에서 교환해 드립니다.

**ISBN** 978-89-7482-945-2(13770)
**값** 15,000원

---

세계 언어와 문화, **문예림**
**언어평등** 〈모든 언어는 평등하다〉 디지털과 아날로그 아우르는 어학 콘텐츠
**오르비타** 〈당신의 성장을 위한 비타민〉 단행본

## Sobre este libro

Para hablar, escribir, escuchar, leer o traducir en una segunda lengua es necesario organizar bien la información y conocer un vocabulario amplio y adecuado a cada situación. Por ello, a fin de poder realizar con éxito todas esas actividades comunicativas, es necesario conocer un número significativo de palabras de la nueva lengua en la que deseamos expresarnos. En realidad, si no se ha adquirido el vocabulario suficiente no es posible comunicarse eficazmente.

Por este motivo, consideramos necesario aprender vocabulario útil mediante un estudio sistemático y una práctica continua. Además, es conveniente que dicho vocabulario se encuentre integrado en un contexto temático coherente que permita, posteriormente, usarlo en situaciones conversacionales reales y cotidianas. Asimismo, el hecho de disponer fácilmente de listas de vocabulario agrupadas de forma temática facilita considerablemente el estudio y la práctica oral o escrita de la lengua que se desea aprender.

Así pues, sin pretender ofrecer un glosario exhaustivo y extenso, pensamos que este breve manual puede ser de ayuda para aquellos que empiecen a estudiar español, pero también para cualquier persona que quiera aprender la lengua coreana. Por nuestra parte, creemos que para el lector será más fácil aprender nuevas palabras asociándolas con los pequeños dibujos que las acompañan en cada página, ya que está comprobado que la asociación entre una imagen y una palabra favorece y refuerza el aprendizaje.

Finalmente, hay que indicar que este glosario, en cuanto al léxico, sigue la modalidad lingüística del español propia de España (español peninsular), pero en el apartado de "equivalencias" se han incorporado sinónimos de algunos conceptos, así como sus formas correspondientes en femenino o masculino según sea el caso.

## 머리말

제2외국어로 말하고 쓰고 듣고 읽고 또는 번역하기 위해서는 관련 정보를 잘 정리하고 주어진 상황에 대해 적절한 어휘를 폭 넓게 아는 것이 필수적이다. 따라서, 모든 상황 성공적인 대화를 할 수 있기 위해서는 우리가 선택한 새로운 언어의 적정 수 이상의 단어를 인지하는 것이 필요하다. 실제로 충분한 어휘력을 갖추지 못하면, 효율적인 대화가 불가능하다.

이러한 이유로 우리는 체계적인 학습과 지속적인 연습을 통해 유용한 어휘를 습득하는 것이 필요하다고 판단한다. 그리고 이 어후 들은 특정 주제를 중심으로 일관되게 축척되어 궁극적으로 실제적, 일상적인 대화 상홍에 활용되어야 할 것이다. 어휘 군을 주제별로 분류한다는 것 자체가 우리가 습득하고자 하는 언어의 말하기 및 쓰기 공부에 엄청난 도움이 될 것이다.

이 책이 스페인어의 모든 어휘를 광범위하게 수록하고 있지는 않지만 스페인어를 입문하는 독자들과 한국어를 배우고자 하는 독자들에게는 이 책이 도움이 될 것으로 확신한다. 필자의 생각으로는 독자들은 새로운 낱말들을 각 페이지마다 수록된 관련 그림들과의 연상을 통해 더욱 용이하게 습득할 수 있을 것이며, 이러한 연상은 언어 습득에 큰 도움이 되는 것이 이미 증명된 바 있다.

마지막으로 이 책에서 제공하는 단어들은 어휘론적 관점에서 스페인에서 주로 통용되는 것들이며 각 장마다 동의어 또는 유의어와 해당되는 남성, 여성 변화를 함께 나열하고 있음을 밝힌다.

## Alfabeto coreano (hangeul)

El **hangeul** (según la romanización revisada o *Gungnip gugeowon*: **hangeul**; McCune-Reischauer o *Kungnip kugŏwŏn*: *han'gŏl*; romanización Yale: *han-kul*), es el alfabeto coreano original (diferente a los hanja o caracteres chinos) creado por el rey Sejong el Grande en el año 1443 d.C. Cada unidad silábica en el sistema de escritura **hangeul** utiliza una o varias de las 24 letras básicas del alfabeto, también llamadas jamo. En total, estas son 14 consonantes y 10 vocales, pero existen otros signos formados por combinación de los anteriores. Antiguamente, el **hangeul** tenía tres consonantes y una vocal más, pero hoy en día ya no se utilizan. Las vocales y consonantes del **hangeul** pueden combinarse entre sí en bloques silábicos, los cuales pueden tener de dos a cinco letras. En total, existen 11.172 posibles combinaciones distintas y estas son de tipo CV(C) (consonante-vocal-consonante). Estas unidades silábicas podían ser escritas horizontalmente (de izquierda a derecha) y también verticalmente (de arriba abajo) en columnas que se leían de derecha a izquierda. No obstante, en la actualidad se escriben y se leen siguiendo el mismo sentido de las lenguas occidentales. El **hangeul** es un sistema fonético y alfabético, aunque la escritura pueda parecer ideográfica a primera vista.

## Signos vocálicos y consonánticos

Vocales simples (10): ㅏ ㅑ ㅓ ㅕ ㅗ ㅛ ㅜ ㅠ ㅡ ㅣ
Vocales compuestas (11): ㅐ ㅒ ㅔ ㅖ ㅘ ㅙ ㅚ ㅝ ㅞ ㅟ ㅢ
Consonantes simples (14): ㄱ ㄴ ㄷ ㄹ ㅁ ㅂ ㅅ ㅇ ㅈ ㅊ ㅋ ㅌ ㅍ ㅎ
Consonantes dobles (5): ㄲ ㄸ ㅃ ㅆ ㅉ
Grupos consonánticos (11): ㄳ ㄵ ㄶ ㄺ ㄻ ㄼ ㄽ ㄾ ㄿ ㅀ ㅄ
Sílabas: 가 각 갂 갃 간 갅 갆 갇 갈 갉 갊 갋 갌 갍 갎 갏 감 갑 ... 힣

## 한국어에 대하여

### 한국어

한글(개정 로마자 표기법 또는 국립국어원에 의거하면: *hangeul*; 맥퀸-라이샤워 또는 국립국어원에 의거하면:han'gul; 예일 로마자 표기법에 의거하면; han-kul)은 1443년 세종대왕이 창제한 독창적인 한글 알파벳이다. 한글은 표기에 있어서 매 음절은 자모라 불리우는 24개의 알파벳의 기본 구성요소, 즉, 24개의 음소 중 하나 또는 여러 개로 이루어진다. 한글은 자음 14개, 모음 10개로 구성되어 있고 이들의 조합을 통해 기표들이 생성된다. 한글 창제 당시에는 3개의 자음과 1개의 모음이 더 있었으나 오늘날에는 사용되지 않는다. 모음과 자음을 조합하여 음절을 이루고, 음절은 2개 이상 최대 5개의 요소로 구성된다. 즉, 산술적으로 11,172개의 서로 다른 조합이 가능하며 이들은 CV(C)(자음-모음-자음) 유형이다. 음절 단위들은 수평적(좌에서 우로) 또는 수직적(위에서 아래로)으로 표기되고 수직적으로 표기되었을 경우에는 오른쪽 행에서부터 왼쪽 행의 순서로 읽는다. 그러나, 오늘날에는 서구어의 쓰기, 읽기와 동일한 방법을 사용한다. 한글은 외형상 표의문자처럼 보이지만 음성 알파벳이다.

### 자음과 모음

단모음: ㅏ ㅑ ㅓ ㅕ ㅗ ㅛ ㅜ ㅠ ㅡ ㅣ
복모음: ㅐ ㅒ ㅔ ㅖ ㅘ ㅙ ㅚ ㅝ ㅞ ㅟ ㅢ
단자음: ㄱ ㄴ ㄷ ㄹ ㅁ ㅂ ㅅ ㅇ ㅈ ㅊ ㅋ ㅌ ㅍ ㅎ
이중자음: ㄲ ㄸ ㅃ ㅆ ㅉ
복자음: ㄳ ㄵ ㄶ ㄺ ㄻ ㄼ ㄽ ㄾ ㄿ ㅀ ㅄ
음절: 가 각 갂 갃 간 갅 갆 갇 갈 갉 갊 갋 갌 갍 갎 갏 감 갑 ... 힣

# Asimilación consonántica en coreano

La transcripción fonética del coreano se hace compleja debido a las múltiples asimilaciones consonánticas que existen en esta lengua.

Las consonantes ㄱ, ㄷ, ㅂ, ㅋ, ㄲ, ㅅ, ㅆ, ㅈ, ㅊ, ㅌ, ㅍ (en la primera sílaba) en combinación con ㄴ, ㅁ (en la segunda sílaba) se asimilan en ㅇ, ㄴ, ㅁ, según sea el caso.

**Ejemplos**

ㄱ + ㅁ > [ㅇ]  국민 [궁민]
ㄷ + ㄴ > [ㄴ]  닫는다 [단는다]
ㅂ + ㅁ > [ㅁ]  밥물 [밤물]
{ㅋ, ㄲ + ㄴ, ㅁ} > ㄱ + ㅁ > [ㅇ]  부엌만 [부억만 > 부엉만] / 밖만 [박만 > 방만]
{ㅅ, ㅆ, ㅈ, ㅊ, ㅌ + ㄴ, ㅁ} > ㄷ + ㄴ > [ㄴ]  낮만 [낟만 > 난만] / 꽃만 [곧만 > 꼰만] /
                                                    맡는 [맏는 > 만는]
{ㅍ + ㄴ, ㅁ} > ㅂ + ㅁ > [ㅁ]  앞만 [압만 > 암만]

La consonante ㄹ (segunda sílaba) en combinación con ㅁ, ㅇ se asimila en ㄴ.

**Ejemplos**

ㅁ + ㄹ > [ㄴ]  담력 [담녁]
ㅇ + ㄹ > [ㄴ]  종로 [종노] / 영리 [영니]

En otros casos, con las consonantes ㅂ, ㄱ en contacto con ㄹ se da una doble asimilación: ㅂ > ㅁ / ㄱ > ㅇ / ㄹ > ㄴ.

**Ejemplos**

ㅂ + ㄹ > ㅂ + ㄴ > [ㅁ + ㄴ] {ㅂ > ㅁ / ㄹ > ㄴ}  섭리 [섭니 > 섬니]
ㄱ + ㄹ > ㄱ + ㄴ > [ㅇ + ㄴ]  국력 [국녁 > 궁녁]

Sin embargo, las consonantes ㄴ, ㄹ se asimilan al entrar en contacto con una ㄹ de otra sílaba.

**Ejemplos**

ㄴ + ㄹ > [ㄹ]  신라 [실라]
ㄹ + ㄴ > [ㄹ]  칼날 [칼랄]

## 한국어의 자음동화

한국어의 음성 표기는 매우 복잡한데 이는 한국어에 존재하는 수많은 자음동화 현상에 기인한다.

첫 음절의 자음 ㄱ, ㄷ, ㅂ, ㅋ, ㄲ, ㅅ, ㅆ, ㅈ, ㅊ, ㅌ, ㅍ이 두 번째 음절의 자음 ㄴ, ㅁ과 만나면 ㅇ, ㄴ, ㅁ으로 동화된다.

> 예

ㄱ + ㅁ > [ㅇ]    국민 [궁민]
ㄷ + ㄴ > [ㄴ]    닫는다 [단는다]
ㅂ + ㅁ > [ㅁ]    밥물 [밤물]
{ㅋ, ㄲ + ㄴ, ㅁ} > ㄱ + ㅁ > [ㅇ]    부엌만 [부억만 > 부엉만] / 밖만 [박만 > 방만]
{ㅅ, ㅆ, ㅈ, ㅊ, ㅌ + ㄴ, ㅁ} > ㄷ + ㄴ > [ㄴ]    낮만 [낟만 > 난단] / 꽃만 [꼳만 > 꼰만] /
                                                        맡는 [맏는 > 만는]
{ㅍ + ㄴ, ㅁ} > ㅂ + ㅁ > [ㅁ]    앞만 [압만 > 암만]

두 번째 음절의 자음 ㄹ이 ㅁ과 만나면 ㄴ으로 동화된다.

> 예

ㅁ + ㄹ > [ㄴ]    담력 [담녁]
ㅇ + ㄹ > [ㄴ]    종로 [종노] / 열리 [영니]

다른 경우, 자음 ㅂ, ㄱ이 ㄹ과 만나면 두 가지의 동화가 발생한다: ㅂ > ㅁ / ㄱ > ㅇ / ㄹ > ㄴ.

> 예

ㅂ + ㄹ > ㅂ + ㄴ > [ㅁ + ㄴ] {ㅂ > ㅁ / ㄹ > ㄴ}    섭리 [섭니 > 섬니]
ㄱ + ㄹ > ㄱ + ㄴ > [ㅇ + ㄴ]    국력 [국녁 > 궁녁]

자음 ㄴ, ㄹ이 ㄹ과 만나면 ㄹ로 동화된다.

> 예

ㄴ + ㄹ > [ㄹ]    신라 [실라]
ㄹ + ㄴ > [ㄹ]    칼날 [칼랄]

Igualmente, las combinaciones consonánticas ㅀ, ㄾ al estar en contacto con una ㄴ presente en la siguiente sílaba, provocan que esta se asimile en ㄹ.

**Ejemplos**

ㅀ + ㄴ > [ㄹ]   닳는 [달른]
ㄾ + ㄴ > [ㄹ]   핥네 [할레]

Asimismo, se produce "batchim" (받침) cuando una sílaba acaba en las consonantes ㄷ, ㅌ o en la combinación consonántica ㄾ y la siguiente sílaba empieza por 이, 히. En esos casos, esas consonantes se african en ㅈ, ㅊ.

**Ejemplos**

ㄷ + 이 > [지]   굳이 [구지] / 미닫이 [미다지] / 땀받이 [땀바지]
ㅌ + 이 > [치]   밭이 [바치]
ㄾ + 이 > [치]   벼훑이 [벼훌치]
ㄷ + 히 > [치]   굳히다 [구치다] / 닫히다 [다치다] / 묻히다 [무치다]

Finalmente, existen otras combinaciones consonánticas entre consonantes de dos sílabas diferentes que generan cambios fonéticos.

**Ejemplos**

ㄱ + ㅂ > [ㅃ]   국밥 [국빱]
ㄳ + ㅂ > [ㅃ]   넋받이 [넉빠지]
ㄺ + ㅂ > [ㅃ]   칡범 [칙뻠]
ㄺ + ㅈ > [ㅉ]   닭장 [닥짱]
ㄱ + ㄱ > [ㄲ]   먹고 [먹꼬]
ㄲ + ㄷ > [ㄸ]   깎다 [깍따]
ㅈ + ㄱ > [ㄲ]   꽂고 [꼳꼬]
ㅄ + ㅈ > [ㅉ]   값지다 [갑찌다]
ㄴ + ㄱ > [ㄲ]   안고 [안꼬] / 신고 [신꼬]
ㅁ + ㄱ > [ㄲ]   넘고 [넘꼬]
ㄹ + ㄱ > [ㄲ]   할 것을 [할 꺼슬]
ㄹ + ㅅ > [ㅆ]   읽을 수가 [일글쑤가]

복자음 ㄶ, ㄾ이 이어지는 음절의 ㄴ과 만나면 ㄹ로 동화된다.

**예**

ㄶ + ㄴ > [ㄹ]    닳는 [달른]
ㄾ + ㄴ > [ㄹ]    핥네 [할레]

음절의 종성 또는 받침이 ㄷ ㅌ, ㄾ가 이어지는 음절이 이, 히이면 이 자음들은 ㅈㅊ으로 발음된다.

**예**

ㄷ + 이 > [지]    굳이 [구지] / 미닫이 [미다지] / 땀받이 [땀바지]
ㅌ + 이 > [치]    밭이 [바치]
ㄾ + 이 > [치]    벼훑이 [벼훌치]
ㄷ + 히 > [치]    굳히다 [구치다] / 닫히다 [다치다] / 묻히다 [무치다]

두 음절의 자음 접촉으로 인해 발생되는 음성 변화는 다음과 같다.

**예**

ㄱ + ㅂ > [ㅃ]    국밥 [국빱]
ㄳ + ㅂ > [ㅃ]    넋받이 [넉빠지]
ㄹ + ㅂ > [ㅃ]    칡범 [칙뻠]
ㄹ + ㅈ > [ㅉ]    닭장 [닥짱]
ㄱ + ㄱ > [ㄲ]    먹고 [먹꼬]
ㄲ + ㄷ > [ㄸ]    깎다 [깍따]
ㅈ + ㄱ > [ㄲ]    꽂고 [꼳꼬]
ㅄ + ㅈ > [ㅉ]    값지다 [갑찌다]
ㄴ + ㄱ > [ㄲ]    안고 [안꼬] / 신고 [신꼬]
ㅁ + ㄱ > [ㄲ]    넘고 [넘꼬]
ㄹ + ㄱ > [ㄲ]    할 것을 [할 꺼슬]
ㄹ + ㅅ > [ㅆ]    읽을 수가 [일글쑤가]

## La lengua española

El español o castellano es la lengua oficial o cooficial en España, en 19 países de América (Argentina, Bolivia, Chile, Colombia, Costa Rica, Cuba, Ecuador, El Salvador, Guatemala, Honduras, México, Nicaragua, Panamá, Paraguay, Perú, Puerto Rico, República Dominicana, Uruguay y Venezuela) y también en Guinea Ecuatorial (África) y en las ciudades de Ceuta y Melilla (África del Norte).

Sin embargo, también se habla mayoritariamente en Belice (América del Sur) y de una manera minoritaria en el Principado de Andorra y Gibraltar (península Ibérica), Canadá y Estados Unidos (América del Norte), Filipinas (Asia del Sudeste), Marruecos y Sahara Occidental (África del Norte). En las Islas Filipinas, el español fue lengua oficial hasta el año 1973, pero actualmente la constitución filipina promueve su uso social de forma voluntaria. Igualmente, el español es lengua oficial en muchos organismos e instituciones internacionales, incluyendo la ONU.

En la actualidad, se considera que hablan español unos 595 millones de personas en todo el mundo, pero lo hablan como primera o segunda lengua más de 496millones. De acuerdo con el número de hablantes nativos, el español se clasifica en 2º lugar (después del chino mandarín) entre las lenguas internacionales más habladas. Hoy en día, se considera que el español tiene cinco modalidades, según el área geográfica: España, México y América Central, América del Sur (Chile y área rioplatense), la zona andina (Andina) y la zona caribeña (Caribe)

## Alfabeto del español

Vocales (5): a, e, i, o, u
Consonantes (22): b, c, d, f, g, h, j, k, l, m, n, ñ, p, q, r, s, t, v, w, x, y, z
Dígrafos (3): ch, ll, -rr-
Grupos consonánticos (18): bl, br, cl, cr, fl, fr, gl, gr, *kl*, *kr*, pl, pr, tl, tr, *vl*, *vr*, *wl*, *wr*\*
\*Nota: estas formaciones consonánticas no son propias del español, pero se usan para transcribir palabras procedentes de otras lenguas.

## 스페인어에 대하여

### 스페인어

스페인어는 스페인 및 아메리카의 19개국(아르헨티나, 볼리비아, 칠레, 콜롬비아, 코스타리카, 쿠바, 에쿠아도르, 일살바도르, 과테말라, 온두라스, 멕시코, 니카라구아, 파나마, 파라과이, 푸에르토리코, 도미니카, 우루과이, 베네수엘라)과 아프리카의 적도기니, 그리고 북아프리카의 세우타와 멜리야에서 사용되는 언어이다.

또한, 남아메리카의 벨리스에서는 대다수가 스페인어를 사용하고, 사용자가 상대적으로 적지만 이베리아 반도 내의 안도라와 지브로올터, 북미의 미국과 캐나다, 동남아시아의 필리핀, 북아프리카의 모로코 및 서사하라에서 사용된다. 필리핀에서는 1973년까지 스페인어가 공용어였으나, 현재는 필리핀 헌법이 공식 언어로 인정하지 않고 사용자의 자발적 선택으로 장려되고 있다. 스페인어는 유엔을 포함하는 많은 국제기구의 공식 언어이다.

현재 스페인어 사용자의 수는 약 5억 명에 달하고, 0 중 스페인어를 모어 또는 제 2 외국어로 사용하는 인구는 약 5억 6천 명 이상이다. 원어민의 숫자 상으로는 스페인어는 중국어에 이어 세계 2위이다. 오늘날 스페인어는 지리적으로 크게 네 지역으로 나뉘어 분류된다: 스페인, 멕시코와 중미, 남미, 안데스 지역.

### 스페인어 알파벳

모음: a, e, i, o, u
자음: b, c, d, f, g, h, j, k, l, m, n, ñ, p, q, r, s, t, v, w, x, y, z
복합문자: ch, ll, -rr-
복자음: bl, br, cl, cr, fl, fr, gl, gr, kl, kr, pl, pr, tl, tr, vl, vr, wl, wr*
*주: 이 복자음들은 스페인어 고유의 것이 아니고 다른 언어의 낱말을 표기하는데 주로 사용된다.

# El género de los sustantivos en español

Existen dos géneros para los sustantivos (nombres): el masculino y el femenino.

## Sustantivos masculinos

Sustantivos terminados en **-o**, **-ón**, **-or**, **-aje**, **-an**.
*Ejemplos* *el dedo, el camión, el amor, el sabotaje, el pan*, etc.

Sustantivos terminados en **-ma, -ema**, **-oma**, **-uma** (de origen griego).
*Ejemplos* el fantasma, el tema, el clima, el programa, el sistema, el problema, el telegrama, el idioma, el reuma, etc.

Algunos de los sustantivos acabados en **-e** y en **consonante**.
*Ejemplos* el hombre, el padre, el sacerdote, el coche, el tigre, el elefante, el coyote, el árbol, el alcohol, etc.

Sustantivos que son acortamientos acabados en **-e**, **-i**.
*Ejemplos* *el colegio > el cole, el bolígrafo > el boli, etc.*

Sustantivos para: los números, los días de la semana, los meses del año, los colores, los ríos, los lagos y los mares.
*Ejemplos* *el dos, el quince, el rojo, el rosa, el lunes, el viernes, el Amazonas, el Titicaca, el Mediterráneo, etc.*

## Sustantivos femeninos

Sustantivos terminados en **-a**, **-ción**, **-sión**, **-dad**, **-tad**, **-d**, **-z**, **-ez**, **-zón**.
*Ejemplos* la casa, la cara, la mesa, la canción, la nación, la excursión, la expresión, la universidad, la libertad, la juventud, la tez, la luz, la vejez, la razón, etc.

## 스페인어의 성

명사의 성은 두 가지이다: 남성, 여성

## 남성명사

-o, -ón, -or, -aje, -an으로 종결되는 명사.
- 예 el dedo, el camión, el amor, el sabotaje, el pan, etc.

-ma, -ema, -oma, -uma(그리이스어 어원)으로 종결되는 명사.
- 예 el fantasma, el tema, el clima, el programa, el sistema, el problema, el telegrama, el idioma, el reuma, etc.

-e로 또는 자음으로 종결되는 명사.
- 예 el hombre, el padre, el sacerdote, el coche, el tigre, el elefante, el coyote, el árbol, el alcohol, etc.

줄임말이 -e, -i로 종결되는 명사.
- 예 *el colegio > el cole, el polígrafo > el boli, etc.*

숫자, 요일, 월, 색, 강, 호수, 바다를 지칭하는 명사.
- 예 el rojo, el rosa, el lunes, el viernes, el Amazonas, el Titicaca, el Mediterráneo, etc.

## 여성명사

-a, -ción, -sión, -dad, -tad, -d -z, -ez, -zón으로 종결되는 명사.
- 예 la casa, la cara, la mesa, la canción, la nación la excursión, la expresión, la universidad, la libertad, la juventud, la tez, la luz, la vejez, la razón, etc.

Sustantivos terminados en **-ie**, **-umbre**.
- *Ejemplos* la serie, la cumbre, etc.

Algunos sustantivos acabados en **-e** y en **consonante**.
- *Ejemplos* la madre, la noche, la nube, la torre, la tarde, la leche, la clase, la miel, la piel, la sal, la mujer, la nariz, etc.

Sustantivos que son acortamientos terminados en **-i**, **-o**.
- *Ejemplos* la bici(cleta), la pelí(cula), la foto(grafía), la moto(cicleta), la radio(difusión), etc.

Sustantivos para: las letras del alfabeto, las islas y las compañías o empresas.

---

Sin embargo, hay algunas **excepciones**. Hay sustantivos masculinos acabados en **-a**.
- *Ejemplos* *el día, el mapa, el poeta, etc.*

Asimismo, hay sustantivos femeninos acabados en **-o**.
- *Ejemplos* *la mano, la modelo (si es mujer), la piloto (si es mujer), etc.*

Otra **excepción** son los sustantivos femeninos que empiezan por **a-**, **ha-** tónica (con o sin tilde), ya que estos sustantivos en singular usan el artículo masculino 'el' para evitar una asimilación fonética.
- *Ejemplos* *el agua (las aguas), el águila (las águilas), el alma (las almas), el arma (las armas), etc.*

-ie, -umbre로 종결되는 명사.
- 예 la serie, la cumbre, etc.

-e 또는 자음으로 종결되는 명사.
- 예 la madre, la noche, la nube, la torre, la tarde, la leche, la clase, la miel, la piel, la sal, la mujer, la nariz, etc.

줄임말이 -i, -o로 종결되는 명사.
- 예 la bici(cleta), la pelí(cula), la foto(grafía), la moto(cicleta), la radio(difusión). etc.
  알파벳, 섬, 기업을 지칭하는 명사.

## 명사의 성

예외적으로, -a로 종결되는 남성명사가 있다.
- 예 el día, el mapa, el poeta.

반대로 -o로 종결되는 여성명사가 있다.
- 예 la mano, la modelo (여성인 경우), la piloto (여성인 경우), etc.

강세가 있는 a-, ha- 시작되는 여성명사들은 모음 충돌을 회피하기 위해 단수인 경우 남성 정관사 el을 사용한다.
- 예 el agua (las aguas), el águila (las águilas), el alma (las almas), el arma (las armas), etc.

Además, hay muchos sustantivos, sobre todo relacionados con profesiones, que acaban en consonante, **-ante**, **-ista**, tienen **una única forma**. Esta forma es **común a los dos géneros**.

> Ejemplos: *el / la joven, el / la modelo, el / la piloto, el / la artista, el / la dentista, el / la periodista, el / la estudiante, el / la cantante, el / la policía, el / la atleta, etc.*

Normalmente, si el sustantivo masculino termina en **-o** (marca general de masculino), **-ón**, **-or**, **-és**, **-ín**, el femenino se forma cambiando esa vocal por **-a** (marca general de femenino) o añadiendo **-a**.

> Ejemplos: *el abuelo ~ la abuela, el médico ~ la médica, el doctora ~ la doctora, el bailarín ~ la bailarina, etc.* En cambio, para algunos sustantivos, hay formas especiales para el femenino:

**Para personas:** hombre / marido ~ mujer, padre ~ madre, rey ~ reina, príncipe ~ princesa, sacerdote ~ sacerdotisa, poeta ~ poetisa, etc.
**Para animales:** caballo ~ yegua, toro ~ vaca, gallo ~ gallina, tigre ~ tigresa, etc.

Además, en el caso de los animales, hay muchos sustantivos (masculinos o femeninos) con una única forma para ambos géneros. La diferencia se indica usando los adjetivos 'macho' y 'hembra'.

> Ejemplos: *el avestruz macho / hembra, el cocodrilo macho / hembra, la cebra macho / hembra, etc.*

Por otro lado, hay algunos **sustantivos ambiguos**, es decir que pueden ser de género masculino o femenino.

> Ejemplos: *el mar* (palabra común) ~ *la mar* (palabra poética), *el azúcar ~ la azúcar, el calor* (palabra común) ~ *la calor* (palabra rural), *etc.*

En cambio, algunos sustantivos con una **única forma** aceptan a**rtículos masculinos y femeninos**, pero su significado cambia.

> Ejemplos: *el frente* (parte delantera) ~ *la frente* (parte superior de la cara), *el capital* (dinero) ~ *la capital* (ciudad), *el cura* (sacerdote) ~ *la cura* (medicina), *el cometa* (estrella) ~ *la cometa* (juguete), *el rosa* (color) ~ *la rosa* (flor), *el naranja* (color) ~ *la naranja* (fruta).

자음 또는 -ante, -ista로 종결되는 직업을 지칭하는 명사의 다수가 남, 여 동형으로 관사를 통해 성이 구분된다.
- 예) el/la joven, el/la modelo, el/la piloto, el/la dentista, el/la periodista, el/la estudiante, el/la cantante, el/la policía, el/la atleta.

일반적으로 남성을 지칭하는 -o, -on, -or, -es, -in로 종결되는 명사들의 경우 -o를 -a로 바꾸거나 -a를 첨가하는 방식으로 여성형을 만든다.
- 예) el abuelo~la abuela, el médico~la médica, el doctor~la doctora, el bailarín~la bailarina, etc. 반대로 몇 몇 명사의 경우 여성형이 별도로 존재한다.

  사람: hombre/marido~mujer, padre~madre, rey~reina, príncipe~princesa, sacerdote~sacerdotisa, poeta~poetisa, etc.
  동물: caballo~yegua, toro~vaca, gallo~gallina, tigre~tigresa, etc.

동물의 경우 남, 여 동형인 명사가 다수 있고, 남, 여를 의미하는 형용사인 "macho", "hembra"를 첨가하여 성을 구분하기기도 한다.
- 예) el avestruz macho/hembra, el cocodrilo macho/hembra, la cebra macho/hembra, etc.

남성, 여성이 모두 가능한 중의적 명사도 있다.
- 예) el mar~la mar(시어), el azúcar~la azúcar, el calor~la calor(방언), etc.

남, 여 동형이며 성에 따라 의미가 바뀌는 명사가 있다.
- 예) el frente(전방)~la frente(이마), el capital(자본)~la capital(수도), el cura(사제)~la cura(치료), el cometa(혜성)~la cometa(연), el rosa(분홍색)~la rosa(장미), el naranja(오렌지색)~la naranja(오렌지), etc.

En cuanto al género de los adjetivos, hay que destacar que hay adjetivos con una sola forma común a los dos géneros (de una terminación) y adjetivos con dos formas (de dos terminaciones), una para el masculino y otra para el femenino. Así pues, en general siguen las siguientes normas:

- Adjetivos acabados en **-o**, tienen una forma femenina en **-a**.
  *Ejemplos* *bueno > buena.*
- Adjetivos acabados en **-or**, añaden una **-a**.
  *Ejemplos* *hablador > habladora.*
- Adjetivos acabados en vocal tónica + **-n**, añaden una **-a**.
  *Ejemplos* *holgazán > holgazana.*
- Adjetivos acabados en **-a**, **-e**, **-i**, **-u**, **-ista** o **consonante**, suelen tener una única forma.
  *Ejemplos* *belga, canadiense, amable, iraní, cursi, hindú, pacifista, joven, etc.*
  Excepto los adjetivos nacionales acabados en consonante.
  *Ejemplos* *español > española, alemán > alemana, inglés > inglesa, japonés > japonesa, etc.*

## Formación del plural de sustantivos y adjetivos

Si un sustantivo o un adjetivo termina en vocal: **-a**, **-e**, **-o**, se le añade una **-s**.
*Ejemplos* *libro > libros, casa > casas, noche > noches, grande > grandes, inteligente > inteligentes, etc.*

Pero si un sustantivo o un adjetivo termina en vocal tónica acentuada: **-í**, **-ú**, admite dos plurales diferentes en: **-s** y **-es**.
*Ejemplos* *iraní > iranís / iraníes, hindú > hindús / hindúes, esquí > esquís / esquíes, bambú > bambús / bambúes, tabú > tabús / tabúes, etc.*

Si un sustantivo o un adjetivo termina en consonante, se le añade **-es**.
*Ejemplos* *mar > mares, televisor > televisores, fácil > fáciles, difícil > difíciles.*

형용사의 경우 공통 어미로 남성, 여성을 모두 표기하거나, 2개의 어미로 각각 남성, 여성을 표기한다. 크게 다음과 같은 방식으로 형용사의 성을 표기한다.

- -o로 종결되는 형용사는 –a를 여성형으로 취한다. 예 bueno > buena.
- -or로 종결되는 형용사는 여성형에 –a를 첨가한다. 예 hablador > habladora.
- 강세가 있는 모음에 –n이 결합하여 종결되는 형용사는 여성형에 –a를 첨가한다.
    예 holgazán > holgazana
- -a, -e, -i, -u, -ista 또는 자음으로 종결되는 형용사는 남, 여 동형인 경우가 많다.
    예 belga, canadiense, amable, iraní, cursi, hindú, pacifista, joven, etc. 자음으로
- 종결되는 국가형용사는 제외 가 된다.
    예 español > española, alemán > alemana, inglés > inglesa, japonés > japonesa, etc.

## 명사, 형용사의 복수

명사, 형용사가 모음 –a, -e, -c로 종결되면 –s를 첨가한다.
예 libro > libros, casa > casas, noche > noches, grande > grandes, inteligente > inteligentes.

그러나, 명사, 형용사가 강세있는 모음 –i, -u로 종결되면, 복수형이 –s, 또는 –es이다.
예 iraní > iranís / iraníes, hindú > hindús / hindúes, escuí > esquís / esquíes, bambú > bambús / bambúes, tabú > tabús / tabúes, etc.

명사, 형용사가 자음으로 종결되면 –es를 첨가한다.
예 mar > mares, televisor > televisores, fácil > fáciles, difícil > difíciles.

Sin embargo, algunos sustantivos pierden el acento gráfico o cambian su posición.

**Ejemplos** *canción > canciones, corazón > corazones, carácter > caracteres, régimen > regímenes, etc.*

Si un sustantivo termina en **-s** y es un **monosílabo** o lleva el **acento gráfico en la última sílaba**, se le añade -es.

**Ejemplos** *gas > gases, mes > meses, interés > intereses, etc.*

Pero si un sustantivo acaba en **-s** y no es **monosílabo** o no lleva **acento en la última sílaba**, no cambia y no tiene forma en plural.

**Ejemplos** *crisis, virus, paraguas, etc.* Además, los **días de la semana**: lunes, martes, miércoles, jueves y viernes, tampoco tienen forma en plural.

Por otro lado, si un sustantivo termina en **-z**, su forma en plural cambia **-z** por **-ces**.

**Ejemplos** *pez > peces, lápiz > lápices, vez > veces, etc.*

Finalmente, si un sustantivo es un nombre compuesto que se escribe separado, en general el plural se forma solamente en el primer elemento.

**Ejemplos** *hombre-rana > hombres-rana, fin de semana > fines de semana, etc.*

## Artículos determinados e indeterminados en español

| determinados | singular | plural | indeterminados | singular | plural |
|---|---|---|---|---|---|
| masculino | **el** | **los** | masculino | **un** | **unos** |
| femenino | **la** | **las** | femenino | **una** | **unas** |

이 경우 몇 몇 동사들은 강세가 없어지거나 강세의 위치가 바뀐다.
- 예) canción > canciones, corazón > corazones, carácter > caracteres, régimen > regímenes, etc.

명사가 하나의 음절어이면서 –s로 종결되거나, 마지막 음절에 강세가 있는 경우 –es를 첨가한다.
- 예) gas > gases, mes > meses, interés > intereses, etc.

명사가 하나의 음절어가 아니면서 –s로 종결되거나, 마지막 음절에 강세가 없는 경우에는 복수형이 없다.
- 예) crisis, virus, paraguas. 또, 요일 이름(lunes, martes, miércoles 등)도 복수형이 별도로 존재하지 않는다.

명사가 –z으로 종결되면, 그 복수형은 –ces로 변한다.
- 예) pez > peces, lápiz > lapices, vez > veces, etc.

띄어쓰기를 하는 두 낱말이 결합된 복합명사의 경우 그 복수형은 첫 번째 명사에만 적용된다.
- 예) hombre-rana > hombres-rana, fin de semana > fines de semana.

## 스페인어의 정관사, 부정관사

| 정관사 | 단수 | 복수 | 부정관사 | 단수 | 복수 |
|---|---|---|---|---|---|
| 남성 | el | los | 남성 | un | unos |
| 여성 | la | las | 여성 | una | unas |

## Sobre las palabras en coreano

En los dibujos, las palabras en coreano aparecen escritas siguiendo el alfabeto **hangeul**, pero también todas estas palabras aparecen transcritas en alfabeto latino siguiendo el sistema de transcripción llamado "romanización revisada".

## Sobre la lista de palabras del glosario

En las ilustraciones, todas las palabras aparecen en tres idiomas: coreano y español e inglés. En este caso, están escritas según los alfabetos respectivos de cada lengua. No obstante, en la lista de palabras que aparece al final del libro, a modo de anexo, es posible encontrar equivalencias de algunas palabras en español. Además, las palabras coreanas están transcritas al alfabeto latino (romanización) y las palabras españolas están transcritas al coreano, para facilitar así su pronunciación y aprendizaje. Complementariamente, aparece una breve información de carácter gramatical que indica la categoria gramatical de cada palabra, según su uso dentro del contexto de las ilustraciones.

Las palabras en español de las ilustraciones están relacionadas y siguen fielmente los dibujos, por lo que no aparecen palabras en su forma plural. Igualmente sucede así en la versión en coreano, ya que en esa lengua no es tan necesario indicar el singular y el plural como en español. Asimismo, en otras ocasiones, aparecen palabras en su forma femenina y no en la masculina. Por ello, aconsejamos leer los apartados introductorios sobre el masculino y el femenino de los sustantivos en español, así como el de la formación del plural de los sustantivos en español.

Para concluir, recomendamos consultar el último listado de palabras titulado "equivalencias" que aporta algunos sinónimos, así como también las formas equivalentes en masculino o en femenino de algunas palabras (según sea el caso).

## 일러두기

### 한글표기

그림에는 한국어 낱말들이 한글 자모에 의거해 표기되어 있으나, 책의 종반부 부록에는 모든 한국어 낱말들이 <개정 로마자 표기법>에 의거하여 로마자로 표기되어 있다.

### 단어의 리스트에

이 책에 나열된 모든 단어들은 스페인어, 영어와 한국어로 쓰여있다. 또, 각 언어의 알파벳 순서에 의거해 정리되어 있다. 그러나, 낱말 리스트는 부록으로 책의 마지막 부분에 수록되어 있으며 이해를 용의하게 하기 위해 한국어, 스페인어 및 영어로 표기되어 였다. 한국어 낱말은 로마자로 표기되어 있고, 스페인어 낱말은 발성 및 습득을 위해 한글로 표기되어 있다. 보완적으로 매 강의 마다 특정 문맥 속에 사용된 각 낱말은 문법적 범주가 나타내는 문법적 의미도 간략이 설명되어 있다.

매 강의마다 스페인어 낱말은 서로 연관되어 있고 그림을 충실히 묘사하고 있으며 경우에 따라 복수형도 표기했다. 하지만, 한국어 버전의 경우에는 굳이 복수형을 표기하지 않았는데 이는 어디까지나 한국어의 경우 단, 복수 구분이 필수사항이 아니기 때문이다. 또 경우에 따라 낱말들이 남성이 아닌 여성형으로만 표기한 곳도 있다. 따라서, 책의 앞 부분에 수록된 스페인어 명사의 남, 여성 구분 및 복수형에 관한 문법적 설명을 숙독하기를 권고한다.

마지막으로, 낱말 설명의 마지막 부분에 '유의어'라는 제목 아래 필요한 경우 동의어 및 해당되는 남, 여성형을 별도로 수록하였음을 밝힌다.

# Contenidos

**TEMA 01** **El cuerpo** • 32
[나의] 몸 / 신체

**TEMA 02** **La familia** • 37
가족

**TEMA 03** **El hogar / la vivienda** • 40
집

**TEMA 04** **La sala de estar** • 43
거실

**TEMA 05** **El cuarto de baño** • 46
욕실

**TEMA 06** **El dormitorio** • 50
침실

**TEMA 07** **El recibidor** • 53
현관

**TEMA 08** **La cocina** • 55
부엌

**TEMA 09** **La mesa** •60
식탁

**TEMA 10** **La ropa** • 63
옷

**TEMA 11** **El jardín** • 69
정원

**TEMA 12** **El taller y las herramientas** • 73
작업장 / 작업실

**TEMA 13** **Las mascotas** • 77
애완동물

**TEMA 14** **Los bichos de jardín** • 81
곤충

**TEMA 15** **La calle / la avenida** • 83
거리 / 대로

**TEMA 16** **Los vehículos** • 87
교통

**TEMA 17** **Las ocupaciones / Las profesiones** • 90
직업

**TEMA 18** **El zoo** • 94
동물원

**TEMA 19** **El parque** • 101
공원

**THEMA 20** **Los animales de campo** • 105
동물

# 목차

| TEMA 21 | **La escuela** • 108<br>학교 |
| TEMA 22 | **El hospital y la consulta** • 113<br>병원과 진료실 |
| TEMA 23 | **La oficina postal** • 117<br>우체국 |
| TEMA 24 | **El banco** • 121<br>은행 |
| TEMA 25 | **La librería** • 125<br>서점 |
| TEMA 26 | **La papelería y los artículos de oficina** • 129<br>문구류 |
| TEMA 27 | **El ordenador** • 132<br>컴퓨터 |
| TEMA 28 | **El teléfono inteligente** • 137<br>스마트폰 |
| TEMA 29 | **Los electrodomésticos** • 140<br>가전제품 |
| TEMA 30 | **Los medios de comunicación** • 145<br>매스 미디어 |

| TEMA 31 | **El hotel y el alojamiento** • 148<br>호텔 / 숙소 |
| TEMA 32 | **La tienda de alimentación** • 153<br>식료품점 |
| TEMA 33 | **La fruta y la frutería** • 157<br>과일 |
| TEMA 34 | **Las verduras y las verdulerías** • 161<br>채소 |
| TEMA 35 | **La comida y los alimentos** • 164<br>음식 |
| TEMA 36 | **La estación de tren** • 170<br>기차역 |
| TEMA 37 | **El aeropuerto** • 173<br>공항 |
| TEMA 38 | **La estación de servicio** • 177<br>휴게소 / 주유소 |
| THEMA 39 | **El campo** • 180<br>시골 |
| THEMA 40 | **La granja** • 184<br>농장 |

| TEMA 41 | **Los animales de granja** • 188 <br> 농장 동물 |
|---|---|
| TEMA 42 | **La costa** • 192 <br> 해변 |
| TEMA 43 | **La fiesta** • 198 <br> 파티 |
| TEMA 44 | **El deporte y el ejercicio físico** • 201 <br> 스포츠와 운동 |
| TEMA 45 | **Los juguetes** • 208 <br> 장난감 가게 |
| TEMA 46 | **Los instrumentos musicales** • 213 <br> 악기 |
| TEMA 47 | **El parque de atracciones** • 216 <br> 놀이공원 |
| TEMA 48 | **El circo** • 218 <br> 서커스 |

# 부록

## 기본어휘

| 01 | 숫자 • 222 |
|---|---|
| 02 | 색깔과 모양 • 224 |
| 03 | 하루, 일주일, 달 • 226 |
| 04 | 기념일 • 228 |
| 05 | 계절과 날씨 • 229 |
| 06 | 형용사 • 230 |
| 07 | 동사 • 232 |
| 08 | 날씨 • 233 |

**Equivalencias** • 235

# 이 책의 구성

이 책은 스페인어를 공부하는 한국인과 한국어를 공부하는 스페인어권 학습자가 함께 학습하도록 구성하셨다. 일반적으로 단순히 단어를 가지고 연상학습을 하도록 구성하였다면, 이 책은 각 상황을 하나의 이미지로 구성하여 연상되도록 하여 차별점을 두었다.

특히, 나, 가족, 회사, 학교 등으로 상황, 위치, 지역 등이 확장하여 어휘 능력을 기르도록 구성하여 부담없이 차근차근 어휘력을 기를 수 있도록 하였다.

총48개의 파트로 구성하여 약50일 동안 하루에 1파트씩 학습하도록 하였습니다. 기본적인 어휘파트는 따로 마지막에서 다뤘다.

# Abreviaturas usadas en el apartado gramatical

| | |
|---|---|
| **n.** | nombre / sustantivo |
| **amb.** | nombre ambiguo (género masc. y fem.) |
| **com.** | nombre común (una forma para masc. y fem.) |
| **exc.** | excepción (género fem. sg. que usa 'el' masc.) |
| **masc.** | masculino / m. |
| **fem.** | femenino / f. |
| **sg.** | singular |
| **pl.** | plural |
| **adj.** | adjetivo |
| **adv.** | adverbio |
| **v.** | verbo |
| **v. tr.** | verbo transitivo |
| **v. intr.** | verbo intransitivo |
| **v. prnl.** | verbo pronominal / reflexivo |

# 문법 설명에 사용된 약어

| | |
|---|---|
| **n.** | 명사(광의 및 협의) |
| **amb.** | 중의적 명사 (남, 여성) |
| **com.** | 보통명사(남, 여 동형) |
| **exc.** | 예외 |
| **masc.** | 남성 |
| **fem.** | 여성 |
| **sg.** | 단수 |
| **pl.** | 복수 |
| **adj.** | 형용사 |
| **adv.** | 부사 |
| **v.** | 동사 |
| **v. tr.** | 타동사 |
| **v. intr.** | 자동사 |
| **v. prnl.** | 재귀동사 |

일상의 모든 순간,
# 스페인어
**단어장**

# TEMA 01

# El cuerpo
(나의) 몸 / 신체

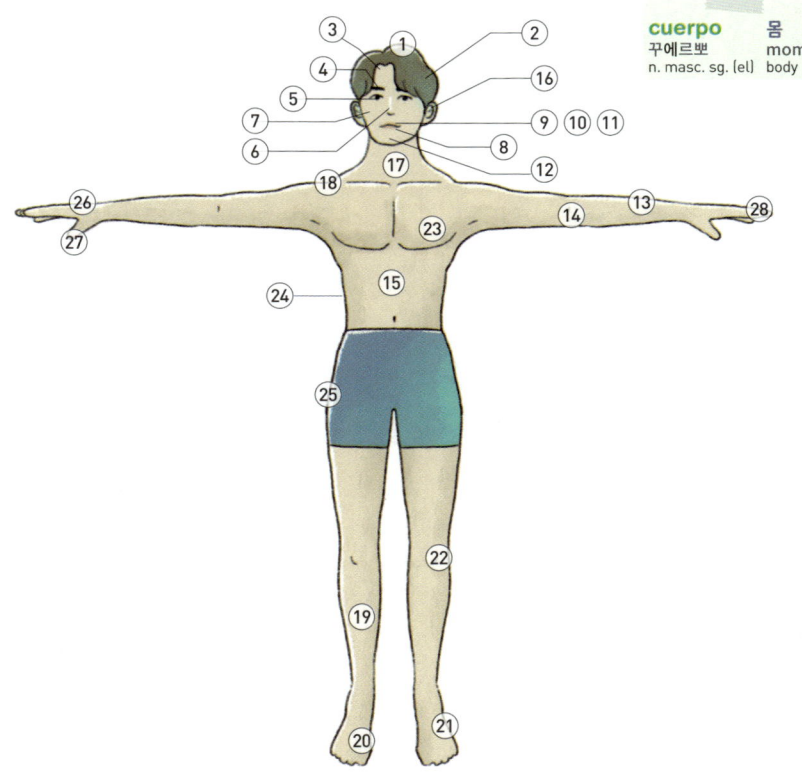

**cuerpo** 몸
꾸에르뽀 mom
n. masc. sg. (el) body

| | | | | | | |
|---|---|---|---|---|---|---|
| 1 | cabeza | 머리 | 11 | lengua | 혀 | |
| 2 | cabello* | 머리카락 | 12 | barbilla* | 턱 | |
| 3 | cara | 얼굴 | 13 | brazo | 팔 | |
| 4 | ceja | 눈썹 | 14 | codo | 팔꿈치 | |
| 5 | ojo | 눈 | 15 | barriga* | 배 | |
| 6 | nariz | 코 | 16 | oreja | 귀 | |
| 7 | mejilla | 볼 | 17 | cuello | 목 | |
| 8 | boca | 입 | 18 | hombro | 어깨 | |
| 9 | labio | 입술 | 19 | pierna | 다리 | |
| 10 | diente | 이 | 20 | dedo del pie | 발가락 | |

| 21 | pie | 발 |
| 22 | rodilla | 무릎 |
| 23 | pecho* | 가슴 |
| 24 | espalda | 등 |
| 25 | culo* | 엉덩이 |
| 26 | mano | 손 |
| 27 | pulgar* | 엄지 손가락 |
| 28 | dedo de la mano | 손가락 |

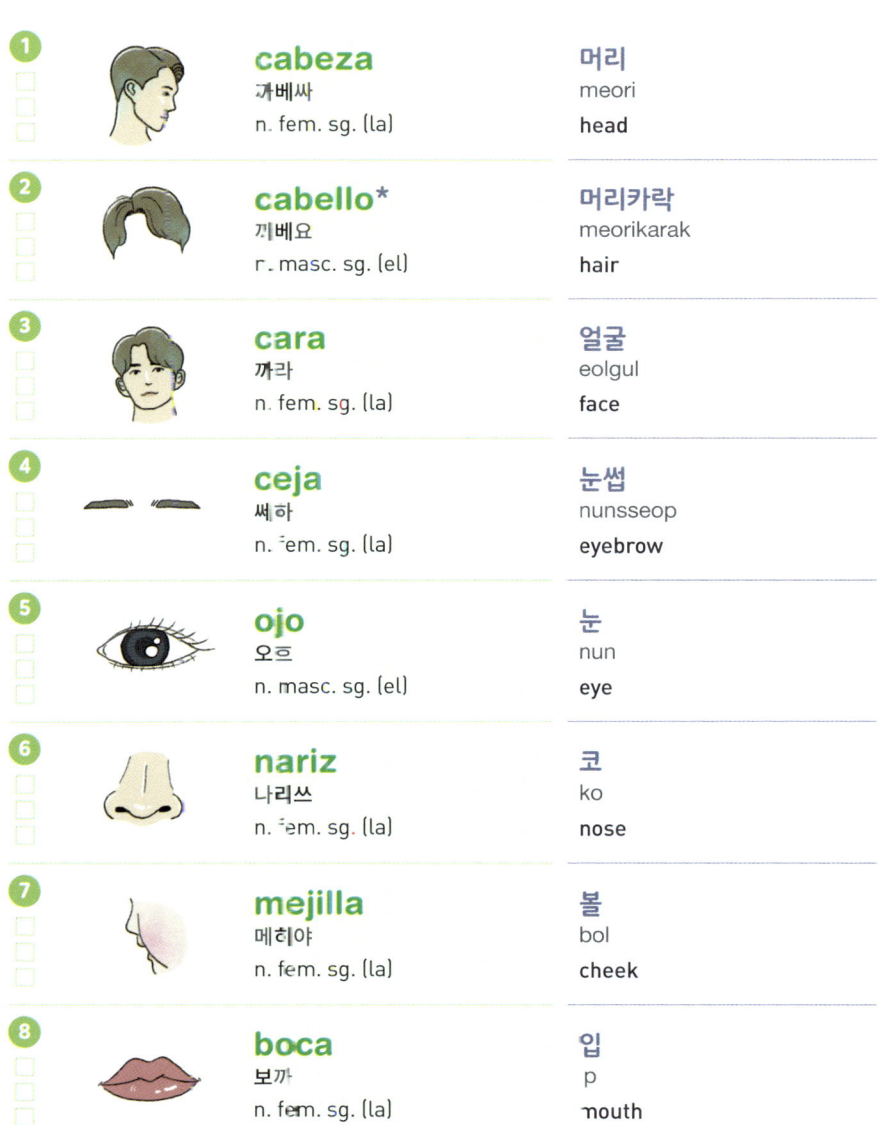

**1. cabeza**
까베싸
n. fem. sg. (la)

머리
meori
head

**2. cabello***
까베요
n. masc. sg. (el)

머리카락
meorikarak
hair

**3. cara**
까라
n. fem. sg. (la)

얼굴
eolgul
face

**4. ceja**
쎄하
n. fem. sg. (la)

눈썹
nunsseop
eyebrow

**5. ojo**
오흐
n. masc. sg. (el)

눈
nun
eye

**6. nariz**
나리쓰
n. fem. sg. (la)

코
ko
nose

**7. mejilla**
메히야
n. fem. sg. (la)

볼
bol
cheek

**8. boca**
보까
n. fem. sg. (la)

입
ip
mouth

El cuerpo | (나의) 몸 / 신체

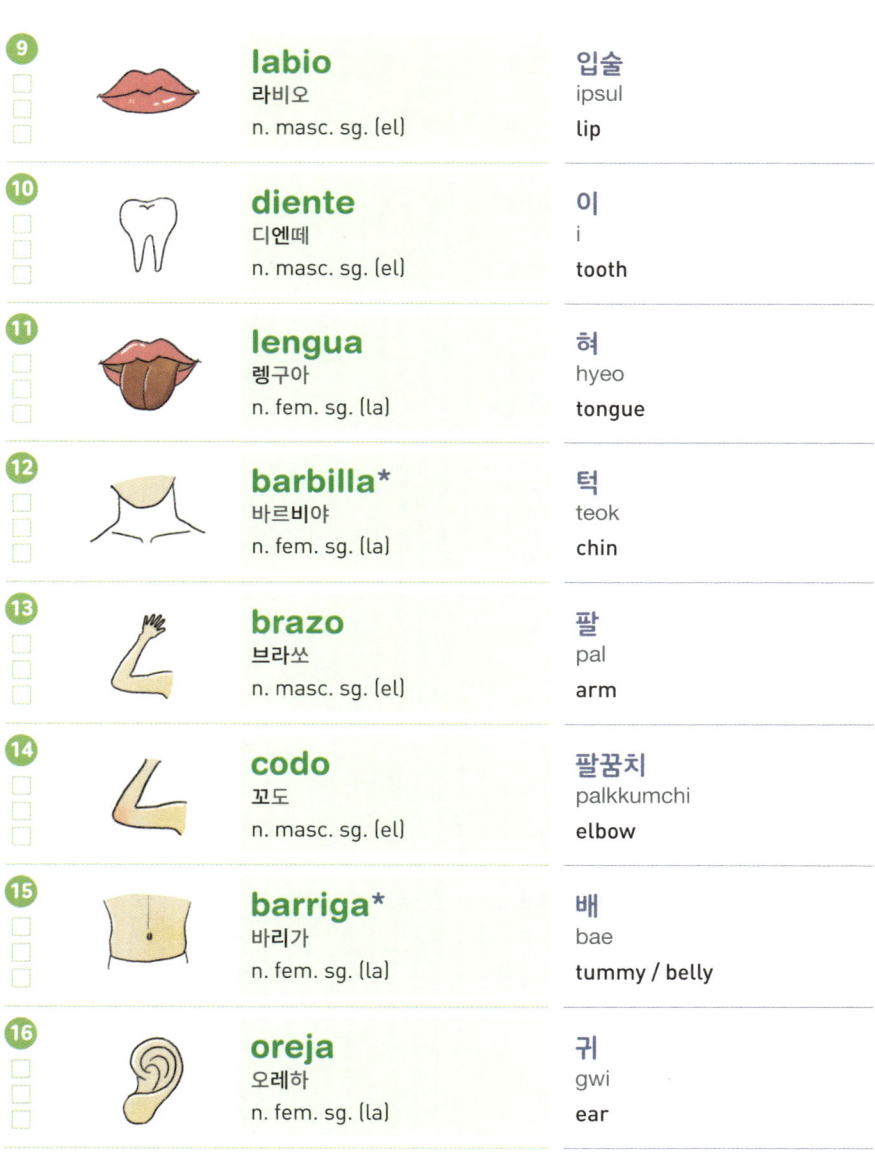

**9. labio**
라비오
n. masc. sg. (el)

입술
ipsul
lip

**10. diente**
디엔떼
n. masc. sg. (el)

이
i
tooth

**11. lengua**
렝구아
n. fem. sg. (la)

혀
hyeo
tongue

**12. barbilla***
바르비야
n. fem. sg. (la)

턱
teok
chin

**13. brazo**
브라쏘
n. masc. sg. (el)

팔
pal
arm

**14. codo**
꼬도
n. masc. sg. (el)

팔꿈치
palkkumchi
elbow

**15. barriga***
바리가
n. fem. sg. (la)

배
bae
tummy / belly

**16. oreja**
오레하
n. fem. sg. (la)

귀
gwi
ear

**17** cuello
꾸에요
n. masc. sg. (el)

목
mok
neck

**18** hombro
옴브로
r. masc. sg. (el)

어깨
eokkae
shoulder

**19** pierna
삐에르나
n. fem. sg. (la)

다리
dari
leg

**20** dedo del pie
더도 델 삐에
n. masc. sg. (el)

발가락
balgarak
toe

**21** pie
삐에
n. masc. sg. (el)

발
bal
foot

**22** rodilla
로디야
n. fem. sg. (la)

무릎
mureup
knee

**23** pecho*
빼초
n. masc. sg. (el)

가슴
gaseum
chest

**24** espalda
에스빨다
n. fem. sg. (la)

등
deung
back

**25** **culo\***
꿀로
n. masc. sg. (el)

엉덩이
eongdeongi
**bottom**

**26** **mano**
마노
n. fem. sg. (la)

손
son
**hand**

**27** **pulgar\***
뿔가르
n. masc. sg. (el)

엄지 손가락
eomji songarak
**thumb**

**28** **dedo de la mano**
데도 데 마노
n. masc. sg. (el)

손가락
songarak
**finger**

# La familia
가족

**familia** 가족
파밀리아 gajok
n. fem. sg. (la) family

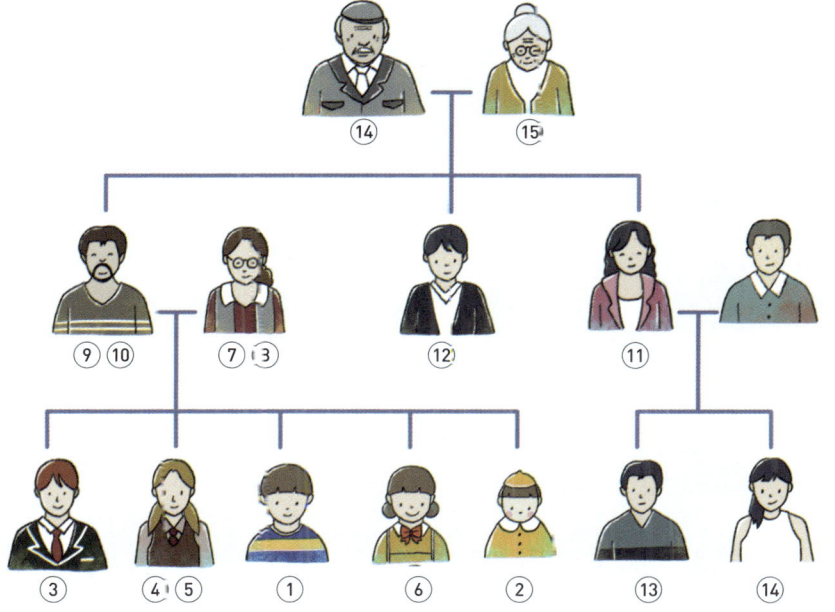

| | | | | | | |
|---|---|---|---|---|---|---|
| 1 | hijo | 아들 | 7 | madre | 어머니 | 12 | tío | 삼촌 / 외삼촌 |
| 2 | hermano menor | 남동생 | 8 | esposa* | 아내 | 13 | primo | 사촌 |
| 3 | hermano mayor | 형 / 오빠 | 9 | padre | 아버지 | 14 | prima | 사촌 |
| 4 | hija | 딸 | 10 | esposo* | 남편 | 15 | abuelo | 할아버지 |
| 5 | hermana mayor | 언니 / 누나 | 11 | tía | 고모 / 디모 | 16 | abuela | 할머니 |
| 6 | hermana menor | 여동생 | | | | | | |

La familia | 가족   37

**1. hijo**
이호
n. masc. sg. (el)

아들
adeul
son

**2. hermano menor**
에르마노 메노르
n. masc. sg. (el)

남동생
namdongsaeng
younger brother

**3. hermano mayor**
에르마노 메노르
n. masc. sg. (el)

형 / 오빠
hyeong/oppa
older brother

**4. hija**
이하
n. fem. sg. (la)

딸
ttal
daughter

**5. hermana mayor**
에르마나 마요르
n. fem. sg. (la)

언니 / 누나
eonni/nuna
older sister

**6. hermana menor**
에르마나 마요르
n. fem. sg. (la)

여동생
yeodongsaeng
younger sister

**7. madre**
마드레
n. fem. sg. (la)

어머니
eomeoni
mother

**8. esposa\***
에스뽀사
n. fem. sg. (la)

아내
anae
wife

### padre
뽜드레
n. masc. sg. (el)

아버지
abeoji
father

### esposo*
에스뽀소
n. masc. sg. (el)

남편
nampyeon
husband

### tía
띠아
n. fem. sg. (la)

고모 / 이모
gomo / imo
aunt

### tío
띠오
n. masc. sg. (el)

삼촌 / 외삼촌
samchon, oesamchon
uncle

### primo
쁘리모
n. masc. sg. (el)

남자 사촌
sachon
cousin (male)

### prima
쁘리마
n. fem. sg. (la)

여자 사촌
sachon
cousin (female)

### abuelo
아부엘로
n. masc. sg. (el)

할아버지
harabeoji
grandfather

### abuela
아부엘라
n. fem. sg. (la)

할머니
halmeoni
grandmother

# TEMA 03

## El hogar / la vivienda
집

hogar / vivienda 집
오가르     jib
n. masc. sg. (el)     home

**1**
### cabaña
까바냐
n. fem. sg. (la)

오두막
odumak
hut

**2**
### casa
까사
n. fem. sg. (la)

가옥
gaok
house

**3**
### apartamento*
아빠르따멘또
n. masc. sg. (el)

아파트
apateu
apartment

**4**
### mansión*
만씨온
n. fem. sg. (la)

대저택
daejeotaek
mansion

**5**
### palacio
빨라씨오
n. masc. sg. (el)

궁전
gungjeon
palace

**6**
### tejado
떼하도
n. masc. sg. (el)

지붕
jibung
roof

**7**
### chimenea
치메네아
n. fem. sg. (la)

굴뚝
gulttuk
chimney

### antena de TV
안떼나 데 텔레비시온
n. fem. sg. (la)

안테나
antena
antena / TV aerial

 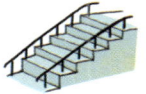
### escalón
에스깔론
n. masc. sg. (el)

계단
gyedan
step

### puerta
뿌에르따
n. fem. sg. (la)

문
mun
door

 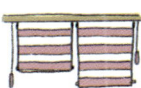
### ventana
벤따나
n. fem. sg. (la)

창문
changmun
window

### persiana
뻬르시아나
n. fem. sg. (la)

블라인드
beullaindeu
blind

### suelo
수엘로
n. masc. sg. (el)

바닥
badak
floor

### ladrillo
라드리요
n. masc. sg. (el)

벽돌
byeokdol
brick

### techo
떼초
n. masc. sg. (el)

천장
cheonjang
ceiling

**pared**
파레드
n. fem. sg. (la)

벽
byeok
wall

# La sala de estar*
## 거실

**sala de estar\*** 거실
살라 다 에스따르  geosil
n. fem. sg. (la)  living room

| | | | | | | | |
|---|---|---|---|---|---|---|---|
| 1 | sofá | 쇼파 | 7 | alfombra | 카펫 | 13 | disco compacto CD |
| 2 | sillón | 안락 의자 | 8 | cuadro* | 그림 | 14 | cinta de casete* 카세트 테이프 |
| 3 | estantería | 수납장 | 9 | fotografía* | 사진 | 15 | vídeo* 비디오 / 영상 |
| 4 | librería | 책장 | 10 | planta | 식물 | 16 | radio* 라디오 |
| 5 | televisor* | 텔레비전 | 11 | teléfono | 전화기 | | |
| 6 | cojín | 쿠션 | 12 | equipo musical | 스테레오 | | |

La sala de estar | 거실  **43**

**sofá**
소파
n. masc. sg. (el)

쇼파
syopa
sofa

**sillón**
시욘
n. masc. sg. (el)

안락 의자
allak uija
armchair

**estantería**
에스딴떼리아
n. fem. sg. (la)

수납장
sunapjang
shelf

**librería**
리브레리아
n. fem. sg. (la)

책장
chaekjang
book shelf

**televisor\***
텔레비소르
n. masc. sg. (el)

텔레비전
tellebijeon
television

**cojín**
꼬힌
n. masc. sg. (el)

쿠션
kusyeon
cushion

**alfombra**
알폼브라
n. fem. sg. (la)

카펫
kapet
carpet

**cuadro\***
꾸아드로
n. masc. sg. (el)

그림
geurim
picture

### fotografía
포토그라피아
n. fem. sg. (la)

사진
sajin
**photograph**

### planta
쁠란따
n. fem. sg. (la)

식물
singmul
**plant**

### teléfono
뗄레포노
n. masc. sg. (el)

전화기
jeonhwagi
**telephone**

### equipo musical
에끼뽀 무시깔
n. masc. sg. (el)

스테레오
estereo
**stereo (system)**

### disco compacto
디스꼬 꼼빡또
n. masc. sg. (el)

시디
CD
**CD**

### cinta de casete*
씬따 데 까세떼
n. fem. sg. (la)

카세트 테이프
kaseteu teipeu
**cassette tape**

### vídeo*
비데오
n. masc. sg. (el)

비디오 / 영상
bidio
**video (player)**

### radio*
라디오
n. amb. masc. / fem. (el / la)

라디오
radio
**radio**

La sala de estar | 거실 **45**

# TEMA 05

# El cuarto de baño*
욕실

**(cuarto de) baño*** 욕실
(꾸아르또 데) 바뇨
n. masc. sg. (el)

yoksil
bathroom

| | | | | | | |
|---|---|---|---|---|---|---|
| 1 | bañera | 욕조 | 7 | papel higiénico | 화장지 | |
| 2 | ducha | 샤워기 | 8 | agua | 물 | |
| 3 | lavabo | 세면대 | 9 | jabón | 비누 | |
| 4 | espejo | 거울 | 10 | esponja | 스폰지 | |
| 5 | grifo | 수도꼭지 | 11 | champú | 샴푸 | |
| 6 | inodoro* | 변기 | 12 | toalla | 수건 | |

| | | |
|---|---|---|
| 13 | cepillo de dientes | 칫솔 |
| 14 | pasta de dientes | 치약 |
| 15 | cepillo de cabello | 솔 / 브러시 |
| 16 | peine | 빗 |
| 17 | radiador | 라디에이터 |
| 18 | servicio* | 화장실 |

## 1. bañera
바녜라
n. fem. sg. (la)

욕조
yokjo
**bath / bathtub**

## 2. ducha
두차
n. fem. sg. (la)

샤워기
syawo
**shower**

## 3. lavabo
라바보
n. masc. sg. (el)

세면대
semyeondae
**washbasin**

## 4. espejo
에스뻬호
n. masc. sg. (el)

거울
geoul
**mirror**

## 5. grifo
그리포
n. masc. sg. (el)

수도꼭지
sudokkokji
**tap**

## 6. inodoro*
이느도로
n. masc. sg. (el)

변기
byeongi
**toilet**

## 7. papel higiénico
빠뻴 이히에니꼬
n. masc. sg. (el)

화장지
hwajangji
**toilet paper**

## 8. agua
아구아
n. exc. fem. sg. (el)

물
mul
**water**

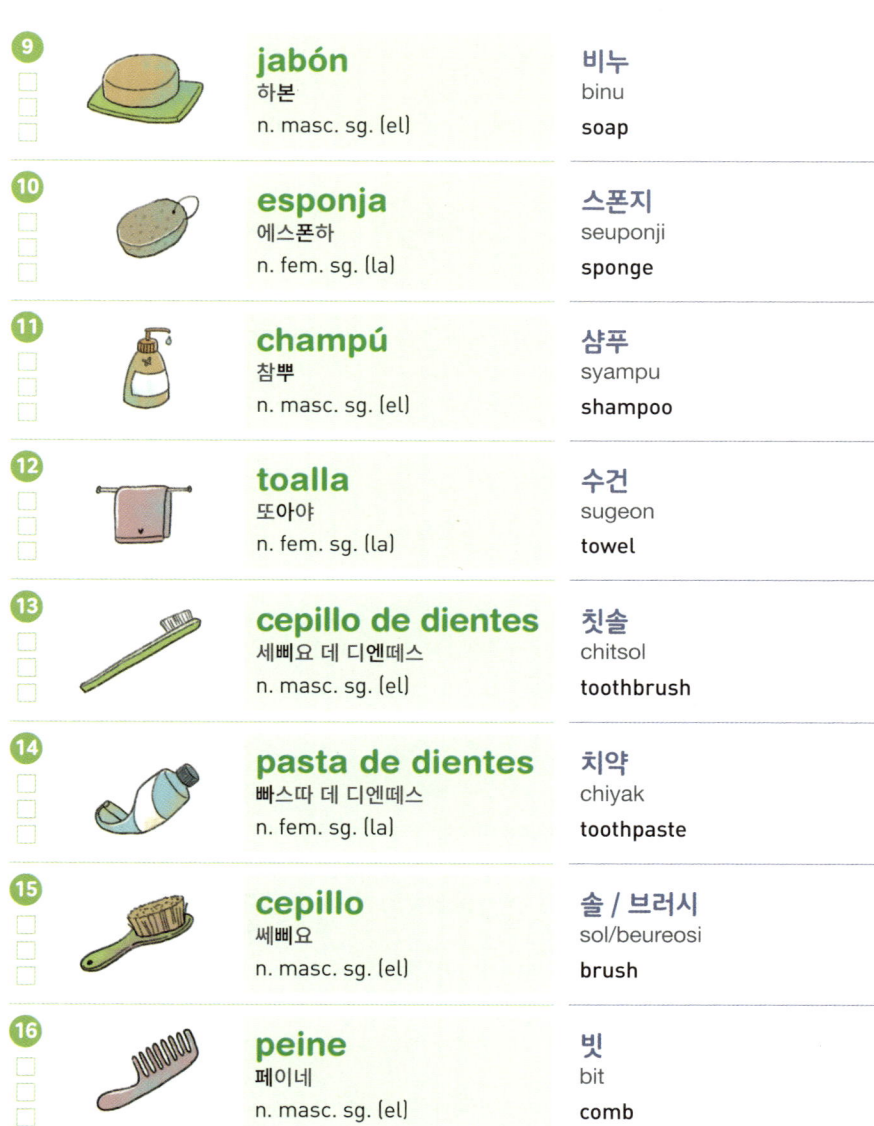

**9. jabón**
하본
n. masc. sg. (el)

비누
binu
soap

**10. esponja**
에스폰하
n. fem. sg. (la)

스폰지
seuponji
sponge

**11. champú**
참뿌
n. masc. sg. (el)

샴푸
syampu
shampoo

**12. toalla**
또아야
n. fem. sg. (la)

수건
sugeon
towel

**13. cepillo de dientes**
쎄삐요 데 디엔떼스
n. masc. sg. (el)

칫솔
chitsol
toothbrush

**14. pasta de dientes**
빠스따 데 디엔떼스
n. fem. sg. (la)

치약
chiyak
toothpaste

**15. cepillo**
쎄삐요
n. masc. sg. (el)

솔 / 브러시
sol/beureosi
brush

**16. peine**
페이네
n. masc. sg. (el)

빗
bit
comb

48  Tema 05

 **radiador**
라디아도르
n. masc. sg. (el)

라디에이터
radieiteo
radiator

  **servicio***
세르비씨오
n. masc. sg. (el)

화장실
hwajangsil
toilet

El cuarto de baño | 욕실

# TEMA 06

## El dormitorio*
침실

**dormitorio*** 침실
도르미또리오 chimsil
n. masc. sg. (el) bedroom

| | | | | | | |
|---|---|---|---|---|---|---|
| 1 | póster* | 포스터 | 6 | mesa | 탁자 | 11 | almohada | 베개 |
| 2 | lámpara | 전등 | 7 | silla | 의자 | 12 | edredón | 솜이불 |
| 3 | cómoda | 서랍장 | 8 | flexo* | 스탠드 | 13 | manta* | 담요 |
| 4 | armario (ropero) | 옷장 | 9 | bombilla | 전구 | 14 | sábana | 홑이불 |
| 5 | alfombrilla* | 깔개 | 10 | cama | 침대 | 15 | colchón | 매트리스 |

| | | |
|---|---|---|
| ① | **póster*** <br> 뽀스떼르 <br> n. masc. sg. (el) | 포스터 <br> poseuteo <br> poster |
| ② | **lámpara** <br> 람빠라 <br> n. fem. sg. (la) | 전등 <br> jeondeung <br> lamp |
| ③ | **cómoda** <br> 꼬모다 <br> n. fem. sg. (la) | 서랍장 <br> seorapjang <br> chest of drawers |
| ④ | **armario (ropero)** <br> 아르마리오 (로뻬로) <br> n. masc. sg. (el) | 옷장 <br> otjang <br> wardrobe |
| ⑤ | **alfombrilla*** <br> 알폼브리야 <br> n. fem. sg. (la) | 깔개 <br> kkalgae <br> rug |
| ⑥ | **mesa** <br> 메사 <br> n. fem. sg. (la) | 탁자 <br> takja <br> table |
| ⑦ | **silla** <br> 씨야 <br> n. fem. sg. (la) | 의자 <br> uija <br> chair |
| ⑧ | **flexo*** <br> 플렉소 <br> n. masc. sg. (el) | 스탠드 <br> seutaendeu <br> flexible lamp |

El dormitorio | 침실

| | | |
|---|---|---|
| ⑨ ☐☐☐ | **bombilla**<br>봄비야<br>n. fem. sg. (la) | 전구<br>jeongu<br>bulb |
| ⑩ ☐☐☐ | **cama**<br>까마<br>n. fem. sg. (la) | 침대<br>chimdae<br>bed |
| ⑪ ☐☐☐ | **almohada**<br>알모아다<br>n. fem. sg. (la) | 베개<br>begae<br>pillow |
| ⑫ ☐☐☐ | **edredón**<br>에드레돈<br>n. masc. sg. (el) | 솜이불<br>somibul<br>duvet |
| ⑬ ☐☐☐ | **manta***<br>만따<br>n. fem. sg. (la) | 담요<br>damyo<br>blanket |
| ⑭ ☐☐☐ | **sábana**<br>사바나<br>n. fem. sg. (la) | 홑이불<br>huchibul<br>sheet |
| ⑮ ☐☐☐ | **colchón**<br>꼴촌<br>n. masc. sg. (el) | 매트리스<br>maeteuriseu<br>mattress |

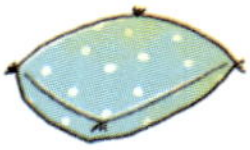

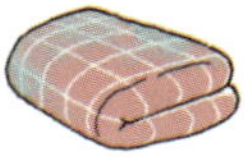

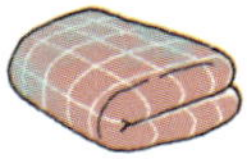

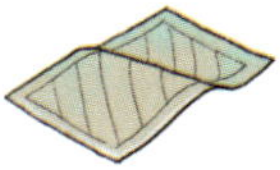

# TEMA 07

# El recibidor*
## 현관(응접실)

**recibidor*** 응접실
레시비도르 eungjeopsil
n. masc. sg. (el) hall

| | | | | | | | | |
|---|---|---|---|---|---|---|---|---|
| 1 | pomo de puerta* | 문 손잡이 | 4 | interruptor | 스위치 | 7 | carta | 편지 |
| 2 | llave | 열쇠 | 5 | mesita* | 작은 테이블 | 8 | paraguas | 우산 |
| 3 | cerradura | 자물쇠 | 6 | periódico* | 신문 | 9 | perchero* | 옷걸이 |

El recibidor | 현관(응접실)

| | | |
|---|---|---|
| **1** | **pomo de puerta*** <br> 뽀모 데 뿌에르따 <br> n. masc. sg. (el) | 문 손잡이 <br> mun sonjabi <br> door handle |
| **2** | **llave** <br> 야베 <br> n. fem. sg. (la) | 열쇠 <br> yeolsoe <br> key |
| **3** | **cerradura** <br> 세라두라 <br> n. fem. sg. (la) | 자물쇠 <br> jamulsoe <br> lock |
| **4** | **interruptor** <br> 인떼룹또르 <br> n. masc. sg. (el) | 스위치 <br> seuwichi <br> switch |
| **5** | **mesita*** <br> 메시따 <br> n. fem. sg. (la) | 작은 테이블 <br> jageun teibeul <br> small table |
| **6** | **periódico*** <br> 뻬리오디꼬 <br> n. masc. sg. (el) | 신문 <br> sinmun <br> newspaper |
| **7** | **carta** <br> 까르따 <br> n. fem. sg. (la) | 편지 <br> pyeonji <br> letter |
| **8** | **paraguas** <br> 빠라구아스 <br> n. masc. sg. (el) | 우산 <br> usan <br> umbrella |
| **9** | **perchero*** <br> 뻬르체로 <br> n. masc. sg. (el) | 옷걸이 <br> otgeori <br> clothes pegs / hanger |

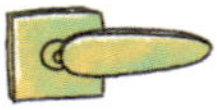

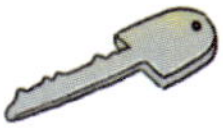

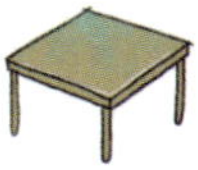

# TEMA 08
## La cocina
부엌

**cocina** 부엌
꼬시나 bueok
n. fem. sg. (la) kitchen

| | | | | | |
|---|---|---|---|---|---|
| 1 | frigorífico* | 냉장고 | 10 | plancha | 다리미 |
| 2 | cocina de gas | ㄱ-스레인지 | 11 | tabla de planchar | 다리미판- |
| 3 | lavadora | 세탁기 | 12 | aspirador* | 청소기 |
| 4 | fregadero | 싱크대 | 13 | tetera | 주전자 |
| 5 | armario | 창고/벽장 | 14 | cazo* | 냄비/자루 냄비 |
| 6 | cajón | 서랍 | 15 | sartén | 프라이팬 |
| 7 | azulejo* | 타일 | 16 | olla* | 요리 냄비 |
| 8 | taburete | (등걸이 없는) 의자 | 17 | delantal | 앞치마 |
| 9 | detergente | 세제/가루비누 | 18 | paño de cocina | 행주 |
| 19 | trapo | 걸레 |
| 20 | basura | 쓰레기 |
| 21 | cubo de basura | 휴지통 |
| 22 | cerilla | 성냥 |
| 23 | cepillo | 솔/ 브러시 |
| 24 | fregona* | 대걸레 |
| 25 | escoba | 빗자루 |
| 26 | recogedor | 쓰레받기 |

La cocina | 부엌  55

### frigorífico*
프리고리피꼬
n. masc. sg. (el)

냉장고
naengjanggo
fridge

### cocina de gas
꼬시나 데 가스
n. fem. sg. (la)

가스레인지
gaseureinji
gas range

### lavadora
라바도라
n. fem. sg. (la)

세탁기
setakgi
washing machine

### fregadero
프레가데로
n. masc. sg. (el)

싱크대
singkeudae
sink

### armario
아르마리오
n. masc. sg. (el)

창고 / 벽장
chango / byeokjang
cupboard

### cajón
까혼
n. masc. sg. (el)

서랍
seorap
drawer

### azulejo*
아술레호
n. masc. sg. (el)

타일
tail
tile

### taburete
따부레떼
n. masc. sg. (el)

(팔걸이없는)의자
uija
stool

### detergente
꿰떼르헨떼
n. masc. sg. (el)

세제/가루비누
seje/garubinu
washing powder

### plancha
쁠란차
n. fem. sg. (la)

다리미
darimi
iron

### tabla de planchar
따블라 데 쁠란차르
n. fem. sg. (la)

다리미판
darimipan
ironing board

### aspirador*
아스뻬라도르
n. masc. sg. (el)

청소기
cheongsogi
vacuum cleaner

### tetera
떼떼라
n. fem. sg. (la)

주전자
jujeonja
kettle

### cazo*
까쏘
n. masc. sg. (el)

냄비 / 자루 냄비
naembi / jaru naembi
saucepan

### sartén
사르뗀
n. fem. sg. (la)

프라이팬
peuraipaen
frying pan

### olla*
오야
n. fem. sg. (la)

요리 냄비
yori naembi
pot

### delantal
데란딸
n. masc. sg. (el)

앞치마
apchima
**apron**

### paño de cocina
빠뇨 데 꼬시나
n. masc. sg. (el)

행주
haengju
**kitchen towel**

### trapo
뜨라뽀
n. masc. sg. (el)

걸레
geolle
**duster**

### basura
바수라
n. fem. sg. (la)

쓰레기
sseuregi
**rubbish**

### cubo de basura
꾸보데바수라
n. masc. sg. (el)

휴지통
hyujitong
**trash can**

### cerilla
쎄리야
n. fem. sg. (la)

성냥
seongnyang
**match**

### cepillo
쎄삐요
n. masc. sg. (el)

솔 / 브러시
sol / beureosi
**brush**

### fregona*
프레고나
n. fem. sg. (la)

대걸레
daegeolle
**mop**

### escoba
어스꼬바
n. fem. sg. (la)

빗자루
bitjaru
broom

### recogedor
레꼬헤도르
n. masc. sg. (el)

쓰레받기
sseurebatgi
dustpan

# TEMA 09

## La mesa*
식탁

**mesa**
메사
n. fem. sg. (la)

식탁
sigtag
table

| | | | |
|---|---|---|---|
| 01 vaso | 컵 | 06 plato | 접시 |
| 02 copa | 잔 | 07 platito* | (컵)받침 |
| 03 jarra | 물주전자 | 08 tenedor | 포크 |
| 04 taza de café | 커피잔 | 09 cuchillo | 칼 |
| 05 cuenco | 그릇 | 10 cuchara | 숟가락 |
| | | 11 cucharita* | 티스푼 |
| | | 12 palillo para comer | 젓가락 |
| | | 13 mantel | 식탁보 |
| | | 14 servilleta | 냅킨 |

**1. vaso**
바소
n. masc. sg. (el)

컵
keop
cup

**2. copa**
꼬파
n. fem. sg. (la)

잔
jan
glass

**3. jarra**
하라
n. fem. sg. (la)

물주전자
muljujeonja
jug

**4. taza de café**
따사 데 까페
n. fem. sg. (la)

커피잔
keopijan
coffee cup

**5. cuenco**
꾸엥꼬
n. masc. sg. (el)

그릇
geureut
bowl

**6. plato**
쁠라또
n. masc. sg. (el)

접시
jeopsi
plate

**7. platito\***
쁠라띠또
n. masc. sg. (el)

(컵)받침
(keop)batchim
saucer

**8. tenedor**
떼네도르
n. masc. sg. (el)

포크
pokeu
fork

La mesa | 식탁  **61**

**9. cuchillo**
꾸치요
n. masc. sg. (el)

칼
kal
knife

**10. cuchara**
꾸차라
n. fem. sg. (la)

숟가락
sutgarak
spoon

**11. cucharita***
꾸차리따
n. fem. sg. (la)

티스푼
tiseupun
teaspoon

**12. palillo para comer**
빨리요
n. masc. sg. (el)

젓가락
jeotgarak
chopstick

**13. mantel**
만뗄
n. masc. sg. (el)

식탁보
siktakbo
tablecloth

**14. servilleta**
세르비예따
n. fem. sg. (la)

냅킨
naepkin
napkin

TEMA
# 10 La ropa
옷

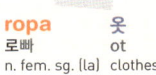

ropa 옷
로빠 ot
n. fem. sg. (la) clothes

**1**  ### calcetín
깔세띤
n. masc. sg. (el)

양말
yangmal
**sock**

**2**  ### ropa interior
로빠 인떼리오르
n. fem. sg. (la)

속옷
sogot
**underwear**

**3**  ### camiseta interior
까미세따 인떼리오르
n. fem. sg. (la)

러닝셔츠
reonningsyeocheu
**undershirt**

**4**  ### pantalón
빤따론
n. masc. sg. (el)

바지
baji
**trousers**

**5**  ### pantalón vaquero*
빤따론 바께로
n. masc. sg. (el)

청바지
cheongbaji
**jeans**

**6**  ### camiseta
까미세따
n. fem. sg. (la)

티셔츠
tisyeocheu
**T-shirt**

**7**  ### falda
팔다
n. fem. sg. (la)

치마
chima
**skirt**

La ropa | 옷  63

### camisa
까미사
n. fem. sg. (la)

셔츠
syeocheu
shirt

### pantalón corto
빤따론 꼬르또
n. masc. sg. (el)

반바지
banbaji
shorts

### media
메디아
n. fem. sg. (la)

타이즈        스타킹
taijeu        seutaking
(Br.) tights  (AM.) stocking

### vestido
베스띠도
n. masc. sg. (el)

드레스/원피스
deureseu/wonpiseu
dress

### jersey*
헤르세이
n. masc. sg. (el)

스웨터
seuweteo
jumper / sweater

### sudadera
수다데라
n. fem. sg. (la)

맨투맨
maen tu maen
sweatshirt

### chaqueta de punto*
차께따 데 뿐또
n. fem. sg. (la)

가디건
gadigeon
cardigan

### batín*
바띤 / 바따
n. masc. sg. (el)

가운
gaun
dressing gown

### camisón
까미손
n. masc. sg. (el)

나이트 가운
naiteu gaun
**nightgown**

### pijama
삐하마
n. masc. sg. (el)

파자마
pajama
**pyjamas / pajamas**

### corbata
꼬르바따
n. fem. sg. (la)

넥타이
nektai
**tie**

### bufanda
부판다
n. fem. sg. (la)

목도리
mokdori
**scarf**

### pañuelo
빠뉴엘로
n. masc. sg. (el)

손수건
sonsugeon
**handkerchief**

### zapatilla deportiva
싸빠띠야 데뽀르띠바
n. fem. sg. (la)

운동화
undonghwa
**sneaker / sports shoe / tennis shoe**

### zapato
싸빠또
n. masc. sg. (el)

신발
sinbal
**shoe**

### sandalia
산달리아
n. fem. sg. (la)

샌들
saendeul
**sandal**

La ropa | 옷

 **bota**
보따
n. fem. sg. (la)

 부츠
bucheu
boot

  **zapatilla**
사빠띠야
n. fem. sg. (la)

실내화
sillaehwa
slipper / house slipper

  **guante**
구안떼
n. masc. sg. (el)

 장갑
janggap
glove

 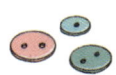 **botón**
보똔
n. masc. sg. (el)

단추
danchu
button

  **agujero de botón***
아구헤로 데 보똔
n. masc. sg. (el)

 단춧구멍
danchutgumeong
button hole

  **abrigo**
아브리고
n. masc. sg. (el)

코트
koteu
coat

  **chaqueta**
차께따
n. fem. sg. (la)

재킷
jaekit
jacket

  **gorra**
고라
n. fem. sg. (la)

야구모자
yagumoja
cap

| | | |
|---|---|---|
| 32  | **sombrero**<br>슴브레로<br>n. masc. sg. (el) | (챙이 넓은)모자<br>moja<br>hat |
| 33  | **gorro**<br>고로<br>n. masc. sg. (el) | 모자 / 캡<br>moja<br>cap |
| 34  | **accesorio**<br>악세소리오<br>n. masc. sg. (el) | 액세서리<br>aekseseori<br>accessory |
| 35  | **bolsillo**<br>볼시요<br>n. masc. sg. (el) | 주머니<br>jumeoni<br>pocket |
| 36  | **cinturón**<br>신뚜론<br>n. masc. sg. (el) | 허리띠<br>heoritti<br>belt |
| 37  | **hebilla**<br>에비야<br>n. fem. sg. (la) | 버클<br>beokeul<br>buckle |
| 38  | **cremallera**<br>끄레마예라<br>n. fem. sg. (la) | 지퍼<br>jipeo<br>zip / zipper |
| 39  | **lazo de zapato**<br>라소 데 싸빠또<br>n. masc. sg. (el) | 신발끈<br>sinbalkkeun<br>shoelace |

La ropa | 옷 **67**

**40** **collar**
꼬야르
n. masc. sg. (el)

목걸이
mokgeori
necklace

**41** **anillo**
아니요
n. masc. sg. (el)

반지
banji
ring

**42** **reloj**
렐로흐
n. masc. sg. (el)

시계
sigye
watch

**43** **pendiente**
뻰디엔 떼
n. masc. sg. (el)

귀걸이 / 귀고리
gwigeori / gwigori
earring

**44** **pulsera***
뿔세라
n. fem. sg. (la)

팔찌
paljji
bracelet

# TEMA 11

# El jardín
정원

**jardín** 정원
하르딘 jeongwon
n. masc. sg. (el) garden

| | | | | | | |
|---|---|---|---|---|---|---|
| 1 | césped* | 잔디 | 8 | regadera | 물뿌리개 | 15 | rastrillo | 갈퀴 |
| 2 | flor | 꽃 | 9 | difusor de riego | 스프링클러 | 16 | escalera de mano* | 사다리 |
| 3 | seto | 수풀 | 10 | manguera* | 호스 | 17 | invernadero | 온실 |
| 4 | árbol | 나무 | 11 | cortacésped | 잔디깎이 | 18 | cobertizo* | 헛간 |
| 5 | hoja | 잎 | 12 | carretilla | 손수레 | 19 | hoguera* | 모닥불 |
| 6 | palo | 나뭇가지 | 13 | paleta* | 모종삽 | 20 | humo | 연기 |
| 7 | semilla | 씨앗 | 14 | azada* | 괭이 | | | |

El jardín | 정원 **69**

| | | |
|---|---|---|
| **1** | **césped*** <br> 세스뻬드 <br> n. masc. sg. (el) | 잔디 <br> jandi <br> grass |
| **2** | **flor** <br> 플로르 <br> n. fem. sg. (la) | 꽃 <br> kkot <br> flower |
| **3** | **seto** <br> 세또 <br> n. masc. sg. (el) | 수풀 <br> supul <br> hedge |
| **4** | **árbol** <br> 아르볼 <br> n. masc. sg. (el) | 나무 <br> namu <br> tree |
| **5** | **hoja** <br> 오하 <br> n. fem. sg. (la) | 잎 <br> ip <br> leaf |
| **6** | **palo** <br> 빨로 <br> n. masc. sg. (el) | 나뭇가지 <br> namutgaji <br> stick |
| **7** | **semilla** <br> 세미야 <br> n. fem. sg. (la) | 씨앗 <br> ssiat <br> seed |
| **8** | **regadera** <br> 레가데라 <br> n. fem. sg. (la) | 물뿌리개 <br> mulppurigae <br> watering can |

### difusor de riego
디푸소르 데 리에고
n. masc. sg. (el)

스프링클러
seupeuringkeulleo
sprinkler

### manguera*
망게라
n. fem. sg. (la)

호스
hoseu
hose / pipe

### cortacésped
꼬르따세스뻬드
n. masc. sg. (el)

잔디깎이
jandikkakki
lawnmower

### carretilla
까레띠야
n. fem. sg. (la)

손수레
sonsure
wheelbarrow

### paleta*
빨레따
n. fem. sg. (la)

모종삽
mojongsap
trowel

### azada*
아싸다
n. fem. sg. (la)

괭이
gwaengi
hoe

### rastrillo
라스뜨리요
n. masc. sg. (el)

갈퀴
galkwi
rake

### escalera de mano*
에스깔레라 데 마노
n. fem. sg. (la)

사다리
sadari
ladder

El jardín | 정원

### invernadero
인베르나데로
n. masc. sg. (el)

온실
onsil
**greenhouse**

### cobertizo*
꼬베르띠소
n. masc. sg. (el)

헛간
heotgan
**shed**

### hoguera*
오게라
n. fem. sg. (la)

모닥불
modakbul
**bonfire**

### humo
우모
n. masc. sg. (el)

연기
yeongi
**smoke**

TEMA 12

# El taller y las herramientas
작업장 / 작업실

**taller**
따예르
n. masc. sg. (el)
작업장
jageopjang
workshop

| | | | | | | |
|---|---|---|---|---|---|---|
| 1 | banco de trabajo | 작업다 | 10 | lima | 줄 | 18 | perno | 볼트 |
| 2 | torno de banco | 바이스 | 11 | papel de lija | 사포 | 19 | tuerca | 너트 |
| 3 | caja de herramientas | 공구상가 | 12 | clavo | 못 | 20 | llave* | 스패너 |
| 4 | tabla | 널빤지 | 13 | tachuela | 압정 | 21 | navaja de bolsillo | 주머니칼 |
| 5 | viruta de madera | 대팻밥 | 14 | martillo | 망치 | 22 | tarro | 유리병 |
| 6 | serrín | 톱밥 | 15 | cinta métrica | 줄자 | 23 | bote de pintura | 페인트 통 |
| 7 | sierra | 톱 | 16 | destornillador | 드라이버 |
| 8 | cepillo de madera | 목공 대패 | 17 | tornillo | 나사 |
| 9 | taladro | 드릴 |

El taller y las herramientas | 작업장 / 작업실　**73**

**banco de trabajo**
방꼬 데 뜨라바호
n. masc. sg. (el)

작업대
jageopdae
workbench

**torno de banco**
또르노 데 방꼬
n. masc. sg. (el)

바이스
baiseu
vise

**caja de herramientas**
까하 데 에라미엔따스
n. fem. sg. (la)

공구상자
gonggusangja
toolbox

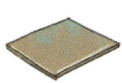
**tabla**
따블라
n. fem. sg. (la)

널빤지
neolppanji
plank

**viruta de madera**
비루따 데 마데라
n. fem. sg. (la)

대팻밥
daepaetbap
wood shaving

**serrín**
세린
n. masc. sg. (el)

톱밥
topbap
sawdust

**sierra**
시에라
n. fem. sg. (la)

톱
top
saw

**cepillo de madera**
세삐요 데 마데라
n. masc. sg. (el)

목공 대패
mokgong daepae
wood plane

**9. taladro**
딸드로
n. masc. sg. (el)

드릴
deuril
drill

**10. lima**
리마
n. fem. sg. (la)

줄
jul
file

**11. papel de lija**
빠뻴 데 리하
n. masc. sg. (el)

사포
sapo
sandpaper

**12. clavo**
끌라보
n. masc. sg. (el)

못
mot
nail

**13. tachuela**
따츄엘라
n. fem. sg. (la)

압정
apjeong
thumbtack / tack

**14. martillo**
마르띠요
n. masc. sg. (el)

망치
mangchi
hammer

**15. cinta métrica**
신따 메뜨리까
n. fem. sg. (la)

줄자
julja
tape measure

**16. destornillador**
데스또르니야도르
n. masc. sg. (el)

드라이버
deuraibeo
screwdriver

17

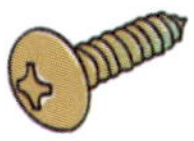

**tornillo**
또르니요
n. masc. sg. (el)

**나사**
nasa
**screw**

18

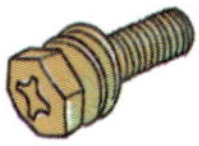

**perno**
빼르노
n. masc. sg. (el)

**볼트**
bolteu
**bolt**

19

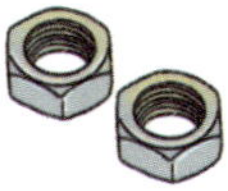

**tuerca**
뚜에르까
n. fem. sg. (la)

**너트**
neoteu
**nut**

20

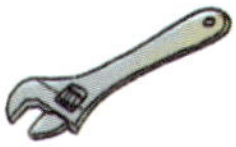

**llave***
야베
n. fem. sg. (la)

**스패너**
seupaeneo
**spanner**

21

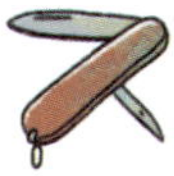

**navaja de bolsillo**
나바하 데 볼시요
n. fem. sg. (la)

**주머니칼**
jumeonikal
**pocketknife**

22

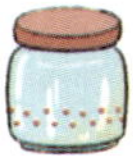

**tarro**
따로
n. masc. sg. (el)

**유리병**
yuribyeong
**jar**

23

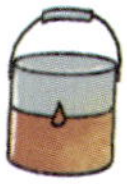

**bote de pintura**
보떼 데 삔뚜라
n. masc. sg. (el)

**페인트 통**
peinteu tong
**paint can**

TEMA
# 13

## Las mascotas
애완동물

**mascota** 애완동물
마스꼬따  aewandongmul
n. fem. sg. (la)  pet

**1**
### gato*
가또
n. masc. sg. (el)

고양이
goyangi
cat

**2**
### gatito*
가띠또
n. masc. sg. (el)

새끼 고양이
saekki goyangi
kitten

**3**
### perro*
뻬로
n. masc. sg. (el)

개
gae
dog

**4**
### perrito*
뻬리또
n. masc. sg. (el)

강아지
gangaji
puppy

**5**
### conejo*
꼬너호
n. masc. sg. (el)

토끼
tokki
rabbit

**6**
### hámster
엠스떼르
n. masc. sg. (el)

햄스터
haemseuteo
hamster

**7**
### cobaya*
꼬바야
n. amb. sg [el, la]

기니피그
ginipigeu
guinea pig

| | | |
|---|---|---|
| ⑧ | **ratón*** <br> 라똔 <br> n. masc. sg. (el) | 쥐 <br> jwi <br> **mouse** |
| ⑨ | **canario** <br> 까나리오 <br> n. masc. sg. (el) | 카나리아 새 <br> kanaria sae <br> **canary** |
| ⑩ | **periquito** <br> 빼리끼또 <br> n. masc. sg. (el) | 애완용 앵무새 <br> aewanyong aengmusae <br> **parakeet** |
| ⑪ | **loro** <br> 로로 <br> n. masc. sg. (el) | 앵무새 <br> aengmusae <br> **parrot** |
| ⑫ | **pico** <br> 삐꼬 <br> n. masc. sg. (el) | (새) 부리 <br> (sae) buri <br> **beak** |
| ⑬ | **pluma** <br> 쁠루마 <br> n. fem. sg. (la) | 깃털 <br> gitteol <br> **feather** |
| ⑭ | **pez de colores*** <br> 뻬스 데 꼴로레스 <br> n. masc. sg. (el) | 금붕어 <br> geumbungeo <br> **goldfish** |
| ⑮ | **tortuga** <br> 또르뚜가 <br> n. fem. sg. (la) | 거북이 <br> geobugi <br> **turtle** |

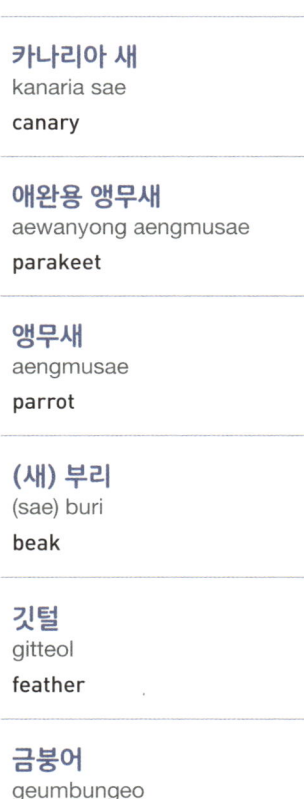

### cesta*
세스따
n. fem. sg. (la)

바구니
baguni
basket

### caseta de perro
까세따 데 뻬로
n. fem. sg. (la)

개집
gaejip
kennel

### jaula
하울라
n. fem. sg. (la)

새장
saejang
birdcage

### pecera
뻬쎄라
n. fem. sg. (la)

어항
eohang
fish bowl

### acuario
아꾸아리오
n. masc. sg. (el)

수족관
sujokgwan
aquarium

### comida
꼬미다
n. fem. sg. (la)

음식(사료)
eumsik(saryo)
food

### hueso
웨소
n. masc. sg. (el)

뼈
ppyeo
bone

### correa de perro
꼬레아 데 뻬로
n. fem. sg. (la)

개 줄
gae jul
cog lead

**collar de perro**
꼬야르 데 뻬로
n. masc. sg. (el)

개 목걸이
gae mokgeori

**dog collar**

# TEMA 14

## Los bichos de jardín
곤충

icho
비초
n.masc. sg. (el)

벌레
beolie
bug

### 1

**mariquita**
마리끼따
n. fem. sg. (la)

무당벌레
mudangbeolle
(Br.) **ladybird** / (Am.) **ladybug**

### 2

**araña**
아라냐
n. fem. sg. (la)

거미
geomi
**spider**

### 3

**caracol**
까라꼴
n. masc. sg. (el)

달팽이
dalpaengi
**snail**

### 4

**gusano***
구사노
n. masc. sg. (el)

벌레
beolle
**worm**

### 5

**oruga**
오루가
n. fem. sg. (la)

애벌레
aebeolle
**caterpillar**

### 6

**mariposa**
마리뽀사
n. fem. sg. (la)

나비
nabi
**butterfly**

### 7

**polilla***
뽈야
n. fem. sg. (la)

나방
nabang
**moth**

### avispa
아비스빠
n. fem. sg. (la)

말벌
malbeol
wasp

### abeja (de miel)
아베하 (데 미엘)
n. fem. sg. (la)

꿀벌
kkulbeol
honeybee

### mosca
모스까
n. fem. sg. (la)

파리
pari
fly

### colmena
꼴메나
n. fem. sg. (la)

벌집
beoljip
(Br.) **beehive** / (Am.) **hive**

### telaraña
뗄라라냐
n. fem. sg. (la)

거미줄
geomijul
(Br.) **cobweb** / (Am.) **spider web**

### Mosquito
모스끼토
n. masc. sg. (el) [mosquito]

모기
mogi
**mosquit**

## TEMA 15

# La calle / la avenida
### 거리 / 대로

**calle** 거리
까예 geori
n. fem. sg. (la) street

| | | | | | | |
|---|---|---|---|---|---|---|
| 1 | edificio de pisos* | 아파트 | 8 | restaurante | 음식점 | |
| 2 | tienda / almacén* | 가게 | 9 | cafetería* | 카페 | |
| 3 | almacén | 식료품 | 10 | pavimento / acera | 포장도로 | |
| 4 | hotel | 호텔 | 11 | paso de peatones* | 횡단보도 | |
| 5 | mercado | 시장 | 12 | farola* | 가로등 | |
| 6 | cine* | 영화관 | 13 | semáforo | 신호등 | |
| 7 | fábrica* | 공장 | 14 | cruce | 교차로 | |

| | | |
|---|---|---|
| 15 | hombre | 남자 |
| 16 | mujer | 여자 |
| 17 | agente de policía* | 경찰관 |
| 18 | agujero | 구멍 |
| 19 | tubería* | 파이프 |
| 20 | taladro mecánico* | 드릴 |

La calle / la avenida | 거리 / 대로  **83**

| | | |
|---|---|---|
| **1**  | **edificio de pisos\*** <br> 에디피시오 데 삐소스 <br> n. masc. sg. (el) | 아파트 <br> apateu <br> **block of flats** |
| **2** | **tienda\*** <br> 띠엔다 <br> n. fem. sg. (la) | 가게 <br> gage <br> **shop** |
| **3** | **almacén** <br> 알마센 <br> n. masc. sg. (el) | 식품점 <br> sikpumjeom <br> **store** |
| **4** | **hotel** <br> 오뗄 <br> n. masc. sg. (el) | 호텔 <br> hotel <br> **hotel** |
| **5**  | **mercado** <br> 메르까도 <br> n. masc. sg. (el) | 시장 <br> sijang <br> **market** |
| **6**  | **cine\*** <br> 씨네 <br> n. masc. sg. (el) | 영화관 <br> yeonghwagwan <br> **cinema** |
| **7**  | **fábrica\*** <br> 파브리까 <br> n. fem. sg. (la) | 공장 <br> gongjang <br> **factory** |
| **8**  | **restaurante** <br> 레스타우란떼 <br> n. masc. sg. (el) | 음식점 / 레스토랑 <br> eumsikjeom / reseutorang <br> **restaurant** |

### cafetería*
까페테리아
n. fem. sg. (la)

카페
kape
coffee shop / café

### pavimento
빠비멘또
n. masc. sg. (el)

포장도로
pojangdoro
pavement

 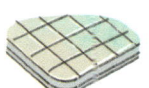
### acera
아쎄라
n. fem. sg. (la)

인도
indo
sidewalk

### paso de peatones*
빠소 데 뻬아또네스
n. masc. sg. (el)

횡단보도
hoengdanbodo / hoengdangbodo
(Br.) crossing / (Am.) crosswalk

### farola*
파롤라
n. fem. sg. (la)

가로등
garodeung
lamp past

### semáforo
세마포로
n. masc. sg. (el)

신호등
sinhodeung
traffic light

### cruce
크루쎄
n. masc. sg. (el)

교차
gyocha
crossroads / junction

### hombre
옴브레
n. masc. sg. (el)

남자
namja
man

La calle / la avenida | 거리 / 대로

**mujer**
무헤르
n. fem. sg. (la)

여자
yeoja
woman

**agente de policía***
아헨떼 데 뽈리시아
n. masc. sg. (el)

경찰관
gyeongchalgwan
policeman

**agujero**
아구헤로
n. masc. sg. (el)

구멍
gumeong
hole

**tubería***
뚜베리아
n. fem. sg. (la)

파이프
paipeu
pipe

**taladro mecánico***
따라드로 메까니꼬
n. masc. sg. (el)

드릴
deuril
drill

# Los vehículos
교통

**vehículo**
베이꿀로
n. masc.sg (el)
교통
kyotong
vehicle

| | | | | | | | | |
|---|---|---|---|---|---|---|---|---|
| 1 | bicicleta* | 자전거 | 7 | remolque | 트레일러 | 12 | excavadora | 채굴기 |
| 2 | motocicleta* | 오토바이 | 8 | taxi | 택시 | 13 | apisonadora* | 롤러 |
| 3 | coche* | 자동차 | 9 | bus* | 버스 | 14 | grúa | 크레인 |
| 4 | caravana | 캠핑카 | 10 | coche de policia | 경찰차 | | | |
| 5 | camioneta* | 스형 화물차 | 11 | camión de bomberos | 소방차 | | | |
| 6 | camión | 트럭 / 화물차 | | | | | | |

Los vehículos | 교통  **87**

| | | | |
|---|---|---|---|
| **1** |  | **bicicleta**\*<br>비씨끌레따<br>n. fem. sg. (la) | 자전거<br>jajeongeo<br>bicycle |
| **2** |  | **motocicleta**\*<br>모토시끌레따<br>n. fem. sg. (la) | 오토바이<br>otobai<br>motorcycle |
| **3** |  | **coche**\*<br>꼬체<br>n. masc. sg. (el) | 자동차<br>jadongcha<br>car |
| **4** |  | **caravana**<br>까라바나<br>n. fem. sg. (la) | 캠핑카<br>kaempingka<br>caravan |
| **5** |  | **camioneta**\*<br>까미오네따<br>n. fem. sg. (la) | 소형 화물차<br>sohyeong hwamulcha<br>van |
| **6** |  | **camión**<br>까미온<br>n. masc. sg. (el) | 트럭 / 화물차<br>teureok / hwamulcha<br>(Br.) **lorry** / (Am.) **truck** |
| **7** |  | **remolque**<br>레몰께<br>n. masc. sg. (el) | 트레일러<br>teureilleo<br>trailer |
| **8** |  | **taxi**<br>딱시<br>n. masc. sg. (el) | 택시<br>taeksi<br>taxi |

**9** **bus\***
부스
n. masc. sg. (el)

버스
beoseu
bus

**10** **coche de policía**
꼬체 데 뽈리시아
n. masc. sg. (el)

경찰차
gyeongchalcha
police car

**11** **camión de bomberos**
까미온 데 봄베로스
n. masc. sg. (el)

소방차
sobangcha
(Br.) fire engine / (Am.) fire truck

**12** **excavadora**
엑스까바도라
n. fem. sg. (la)

채굴기
chaegulgi
digger

**13** **apisonadora\***
아피소나도라
n. fem. sg. (la)

롤러
rolleo
roller

**14** **grúa**
그루아
n. fem. sg. (la)

크레인
keurein
crane

# TEMA 17

## Las ocupaciones* / las profesiones
직업

**ocupación**
오꾸빠시온
n. fem.sg.(la)

직업
jigecp
occupation

**1**

### actor
악또르
n. masc. sg. (el)

(남자)배우
baeu
actor

**2**

### actriz
악뜨리스
n. fem. sg. (la)

여배우
yeobaeu
actress

**3**

### cocinero*
꼬시네로
n. masc. sg. (el)

요리사
yorisa
chef / cook

**4**

### cantante
깐딴떼
n. com. sg. [el, la]

가수
gasu
singer

**5**

### bailarín*
바이라린
n. masc. sg. (el)

무용수
muyongsu
dancer

**6**

### carnicero*
까르니쎄로
n. masc. sg. (el)

정육점 주인
jeongyukjeom juin
butcher

**7**

### policía
폴리시아
n. masc. sg. (el)

(남자)경찰관
(namja)gyeongchalgwan
policeman

### mujer policía*
무췌르 폴리시아
n. fem. sg. (la)

(여자)경찰관
(yeoja)gyeongchalgwan
policewoman

### carpintero*
까르삔떼로
n. masc. sg. (el)

목수
moksu
carpenter

### bombero*
봄베로
n. masc. sg. (el)

소방관
sobanggwan
firefighter

### artista
아르띠스따
n. com. sg. (el, la)

예술가
yesulga
artista

### juez*
후더 쓰
n. masc. sg. (el)

판사
pansa
judge

### mecánico*
메까니꼬
n. masc. sg. (el)

기계공
gigyegong
mechanic

### peluquero*
뺄루게로
n. masc. sg. (el)

미용사 / 이발사
miyongsa / ibalsa
hairdresser

### camionero*
까미오네로
n. masc. sg. (el)

트럭 운전기사
teureok unjeongisa
(Br.) lorry driver / (Am.) truck driver

**conductor de bus\***
꼰둑또르 데 부스
n. masc. sg. (el)

버스 운전기사
beoseu unjeongisa
**bus driver**

**camarero**
까마레로
n. masc. sg. (el)

(남자)종업원
(namja)jongeobwon
**waiter**

**camarera**
까마레라
n. fem. sg. (la)

(여자)종업원
(yeoja)jongeobwon
**waitress**

**cartero\***
까르떼로
n. masc. sg. (el)

우체부
uchebu
**postman**

**pintor\***
삔또르
n. masc. sg. (el)

도배공
dobaegong
**painter**

**dentista**
덴띠스타
n. com. sg. (el, la)

치과의사
chigwauisa
**dentist**

**hombre rana\***
옴브레 라나
n. masc. sg. (el)

잠수부
jamsubu
(Br.) **frogman** / (AM.) **diver**

**panadera\***
빠나데라
n. fem. sg. (la)

제빵사
jeppangsa
**baker**

### granjero*
그랑헤로
n. masc. sg. (el)

농부
nongbu
farmer

### veterinaria*
베데리나리아
n. fem. sg. (la)

수의사
suuisa
vet

Las ocupaciones / las profesiones | 직업

# TEMA 18

## El zoo*
동물원

*zoo 　　　동물원
소오　　　dongmurwon
n. masc. sg. (el)　zoo

| | | | | | | |
|---|---|---|---|---|---|---|
| 1 | lobo* | 늑대 | 8 | búfalo* | 물소 / 버팔로 | |
| 2 | castor | 비버 | 9 | oso panda* | 팬더 | |
| 3 | ciervo* | 사슴 | 10 | canguro | 캥거루 | |
| 4 | asta* | 뿔 | 11 | pata delantera | 앞 발 | |
| 5 | oso* | 곰 | 12 | pingüino | 펭귄 | |
| 6 | águila | 독수리 | 13 | oso polar* | 북극곰 | |
| 7 | ala | 날개 | 14 | foca | 물개 / 실 | |

| | | |
|---|---|---|
| 15 | iceberg* | 빙하 |
| 16 | tiburón | 상어 |
| 17 | ballena | 고래 |
| 18 | delfín | 돌고래 |
| 19 | pelícano | 펠리칸 |
| 20 | avestruz | 타조 |

| 21 | cocodrilo | 악어 | 28 | león* | 사자 | 34 | elefante* | 코끼리 |
| --- | --- | --- | --- | --- | --- | --- | --- | --- |
| 22 | tortuga de tierra | 거북 | 29 | cachorro de león | 새끼 사자 | 35 | trompa | 코끼리 코 |
| 23 | serpiente | 뱀 | 30 | tigre* | 호랑이 | 36 | rinoceronte | 코뿔소 |
| 24 | gorila | 고릴라 | 31 | leopardo | 표범 | 37 | hipopótamo | 하마 |
| 25 | mono* | 원숭이 | 32 | camello* | 낙타 | | | |
| 26 | cola* | 꼬리 | 33 | cebra | 얼룩말 | | | |
| 27 | jirafa | 기린 | | | | | | |

El zoo | 동물원

| | | |
|---|---|---|
| 1 | **lobo*** 로보 n. masc. sg. (el) | 늑대 neukdae **wolf** |
| 2 | **castor** 까스또르 n. masc. sg. (el) | 비버 bibeo **beaver** |
| 3 | **ciervo*** 씨에르보 n. masc. sg. (el) | 사슴 saseum **deer** |
| 4 | **asta*** 아스따 n. exc. fem. sg. (el) | 뿔 ppul **antler** |
| 5 | **oso*** 오소 n. masc. sg. (el) | 곰 gom **bear** |
| 6 | **águila** 아길라 n. exc. fem. sg. (el) | 독수리 doksuri **eagle** |
| 7 | **ala** 알라 n. exc. fem. sg. (el) | 날개 nalgae **wing** |
| 8 | **búfalo*** 부팔로 n. masc. sg. (el) | 물소 / 버팔로 mulso / beopallo **buffalo** |

### oso panda*
오소 빤다
n. masc. sg. (el)

팬더
paendeo
panda bear

### canguro
깐구로
n. masc. sg. (el)

캥거루
kaenggeoru
kangaroo

### pata delantera
빠따 델란떼라
n. fem. sg. (la)

앞 발
ap bal
(front) paw

### pingüino
삥귀노
n. masc. sg. (el)

펭귄
penggwin
penguin

### oso polar*
오소 뽈라르
n. masc. sg. (el)

북극곰
bukgeukgom
polar bear

### foca
포까
n. fem. sg. (la)

물개
mulgae
seal

### iceberg*
아이세베르그
n. masc. sg. (el)

빙하
bingha
iceberg

### tiburón
띠부론
n. masc. sg. (el)

상어
sangeo
shark

### ballena
바예나
n. fem. sg. (la)

고래
gorae
**whale**

### delfín
델핀
n. masc. sg. (el)

돌고래
dolgorae
**dolphin**

### pelícano
뻴리까노
n. masc. sg. (el)

펠리칸
pellikan
**pelican**

### avestruz
아베스뜨루스
n. masc. sg. (el)

타조
tajo
**ostrich**

### cocodrilo
꼬꼬드릴로
n. masc. sg. (el)

악어
ageo
**crocodile**

### tortuga de tierra
또르뚜가
n. fem. sg. (la)

거북
geobuk
**tortoise**

### serpiente
세르삐엔떼
n. fem. sg. (la)

뱀
baem
**snake**

### gorila
고릴라
n. masc. sg. (el)

고릴라
gorilla
**gorilla**

### 25
**mono\***
모노
n. masc. sg. (el)

원숭이
wonsungi
monkey

### 26
**cola\***
꼴라
n. fem. sg. (la)

꼬리
kkori
tail

### 27
**jirafa**
히라빠
n. fem. sg. (la)

기린
girin
giraffe

### 28
**león\***
레온
n. masc. sg. (el)

사자
saja
lion

### 29
**cachorro de león**
까초로 데 레온
n. masc. sg. (el)

새끼 사자
saekki saja
lion cub

### 30
**tigre\***
띠그레
n. masc. sg. (el)

호랑이
horangi
tiger

### 31
**leopardo**
레오빠르도
n. masc. sg. (el)

표범
pyobeom
leopard

### 32
**camello\***
까메요
n. masc. sg. (el)

낙타
nakta
camel

33  **cebra**
쎄브라
n. fem. sg. (la)

얼룩말
eollungmal
**zebra**

 34  **elefante**\*
엘레판떼
n. masc. sg. (el)

코끼리
kokkiri
**elephant**

 35  **trompa**
뜨롬빠
n. fem. sg. (la)

코끼리 코
kokkiri ko
**trunk**

36  **rinoceronte**
리노쎄론떼
n. masc. sg. (el)

코뿔소
koppulso
**rhinoceros**

 37  **hipopótamo**
이뽀뽀따모
n. masc. sg. (el)

하마
hama
**hippopotamus**

# TEMA 19

# El parque
공원

**parque** 공원
빠르께 gongwon
n. masc. sg. (el) park

| | | | | | | | |
|---|---|---|---|---|---|---|---|
| 1 | entrada* | 문 | 8 | balancín* | 시소 | 15 | gente* | 사람 |
| 2 | verja* | 울타리 | 9 | lago* | 호수 | 16 | niño* | 어린이 |
| 3 | camino* | 길 | 10 | macizo de flores | 화단 | 17 | bebé* | 아기 |
| 4 | banco* | 벤치 | 11 | arbusto | 수풀 | 18 | pícnic* | 소풍 |
| 5 | columpio | 그네 | 12 | pino | 소나무 | 19 | cochecito* | 유모차 |
| 6 | cajón de arena | 모래상자 | 13 | tierra | 땅 | | |
| 7 | tobogán | 미끄럼틀 | 14 | charco | 물웅덩이 | | |

El parque | 공원

### entrada*
엔뜨라다
n. fem. sg. (la)

문
mun
gate / entrance

### verja*
베르하
n. fem. sg. (la)

울타리
ultari
(Br.) railings / (AM.) fence

### camino*
까미노
n. masc. sg. (el)

길
gil
path

### banco*
방꼬
n. masc. sg. (el)

벤치
benchi
bench

### columpio
꼴룸삐오
n. masc. sg. (el)

그네
geune
swing

### cajón de arena
까혼 데 아레나
n. masc. sg. (el)

모래상자
moraesangja
(Br.) sandpit / (AM.) sandbox

### tobogán
또보간
n. masc. sg. (el)

미끄럼틀
mikkeureomteul
slide

### balancín*
발란씬
n. masc. sg. (el)

시소
siso
seesaw

### 9

**lago\***
라고
n. masc. sg. (el)

호수
hosu
lake

### 10

**macizo de flores**
마씨소 데 플로레스
n. masc. sg. (el)

화단
hwadan
flower bed

### 11

**arbusto**
아르부스또
n. masc. sg. (el)

수풀
supul
bush

### 12

**pino**
삐노
n. masc. sg. (el)

소나무
sonamu
pine tree

### 13

**tierra**
띠에라
n. fem. sg. (la)

땅
ttang
earth

### 14

**charco**
차르꼬
n. masc. sg. (el)

물웅덩이
murungdeongi
puddle

### 15

**gente\***
헨떼
n. fem. sg. (la)

사람
saram
people

### 16

**niño\***
니뇨
n. masc. sg. (el)

어린이
eorini
child

### bebé*
베베
n. masc. sg. (el)

아기
agi
baby

### pícnic*
삐끄닉
n. masc. sg. (el)

소풍
sopung
picnic

### cochecito*
꼬체씨또
n. masc. sg. (el)

유모차
yumocha
(Br.) **pram / push-chair**
(AM.) **stroller**

TEMA 20

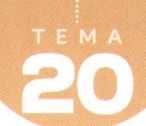

# Los animales de campo
## 동물

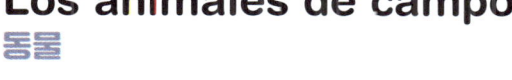

* **animal** 아니말 n.masc. sg (el) — **동물** dongmul animal

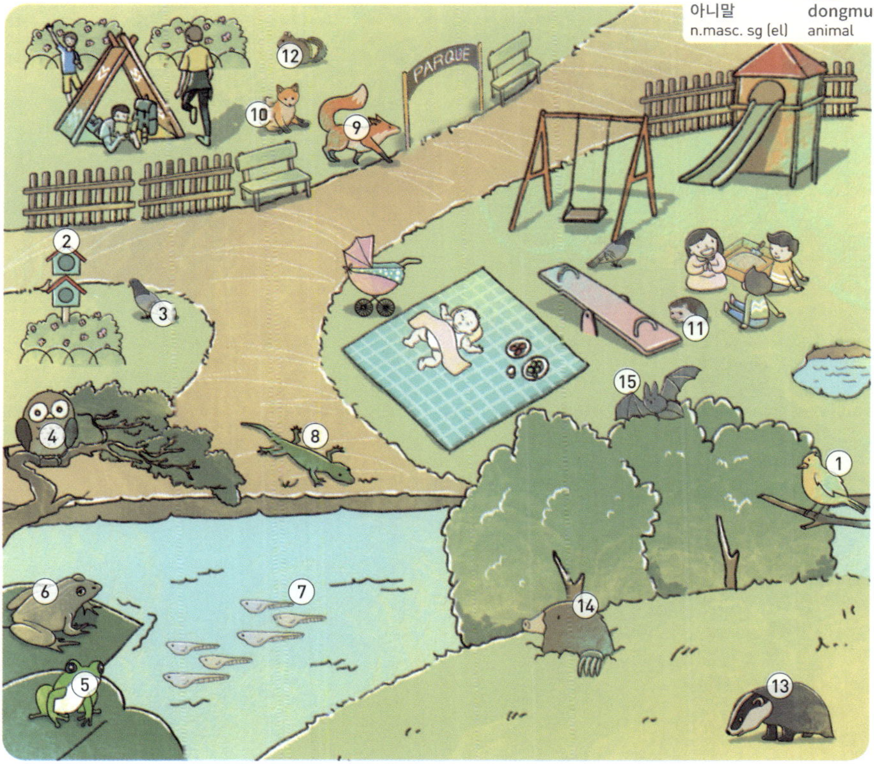


| | | |
|---|---|---|
| 1 | pájaro* | 새 |
| 2 | nido de pájaro | 새집 |
| 3 | paloma | 비둘기 |
| 4 | búho | 부엉이 |
| 5 | rana | 개구리 |
| 6 | sapo | 두꺼비 |
| 7 | renacuajo | 올챙이 |
| 8 | lagartija | 도마뱀 |
| 9 | zorro* | 여우 |
| 10 | cachorro de zorro | 새끼여우 |
| 11 | ardilla | 다람쥐 |
| 12 | erizo | 고슴도치 |
| 13 | tejón | 오소리 |
| 14 | topo | 두더지 |
| 15 | murciélago | 박쥐 |

| | | |
|---|---|---|
| 1 | **pájaro*** <br> 빠하로 <br> n. masc. sg. (el) | 새 <br> sae <br> bird |
| 2 | **nido de pájaro** <br> 니도 데 빠하로 <br> n. masc. sg. (el) | 새집 / 새의 둥지 / 새둥지 <br> saejip / saeui dungji / saejungji <br> bird's nest |
| 3 | **paloma** <br> 빨로마 <br> n. fem. sg. (la) | 비둘기 <br> bidulgi <br> pigeon |
| 4 | **búho** <br> 부오 <br> n. masc. sg. (el) | 부엉이 / 올빼미 <br> bueongi / olppaemi <br> owl |
| 5 | **rana** <br> 라나 <br> n. fem. sg. (la) | 개구리 <br> gaeguri <br> frog |
| 6 | **sapo** <br> 사뽀 <br> n. masc. sg. (el) | 두꺼비 <br> dukkeobi <br> toad |
| 7 | **renacuajo** <br> 레나꾸아호 <br> n. masc. sg. (el) | 올챙이 <br> olchaengi <br> tadpoles, tadpole |
| 8 | **lagartija** <br> 라가르띠하 <br> n. fem. sg. (la) | 도마뱀 <br> domabaem <br> lizard |

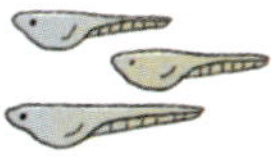

⑨ **zorro***
쏘로 / 쏘라
n. masc. sg. (el)

여우
yeou
**fox**

⑩ **cachorro de zorro**
까쪼로 데 쏘로
n. masc. sg. (el)

새끼여우
saekkiyeou
**fox cubs**

⑪ **erizo**
에리쏘
n. masc. sg. (el)

고슴도치
goseumdochi
**hedgehog**

⑫ **ardilla**
아르디야
n. fem. sg. (la)

다람쥐
daramjwi
**squirrel**

⑬ **tejón**
떼혼
n. masc. sg. (el)

오소리
osori
**badger**

⑭ **topo**
또뽀
n. masc. sg. (el)

두더지
dudeoji
**mole**

⑮ **murciélago**
무르씨엘라고
n. masc. sg. (el)

박쥐
bakjwi
**bat**

Los animales de campo | 동물 **107**

# TEMA 21
## La escuela*
학교

**escuela*** 학교
에스꾸엘라  hakgyo
n. fem. sg. (la)  school

| # | Español | 한국어 | # | Español | 한국어 | # | Español | 한국어 |
|---|---|---|---|---|---|---|---|---|
| 1 | patio de recreo | 운동장 | 13 | borrador | 칠판 지우개 | 25 | regla | 자 |
| 2 | maestra* | 선생님 | 14 | escritorio | 책상 | 26 | pintura* | 물감 |
| 3 | niña* | 소녀 | 15 | caballete | 이젤 | 27 | pincel | 붓 |
| 4 | niño* | 소년 | 16 | papelera | 휴지통 | 28 | tijera* | 가위 |
| 5 | alfabeto* | 알파벳 | 17 | libreta | 공책 | 29 | cola* | 풀 |
| 6 | suma | 덧셈 | 18 | papel* | 복사용지 | 30 | chincheta | 압정 |
| 7 | dibujo | 그림 | 19 | lápiz | 연필 | 31 | caja | 상자 |
| 8 | mapa | 지도 | 20 | bolígrafo* | 볼펜 / 펜 | 32 | emblema | 배지 |
| 9 | globo terráqueo | 지구본 | 21 | lápiz de color | 색연필 | | | |
| 10 | reloj | 시계 | 22 | lápiz de pastel* | 크레용 | | | |
| 11 | pizarra | 칠판 | 23 | rotulador | 싸인펜 | | | |
| 12 | tiza | 분필 | 24 | goma de borrar | 지우개 | | | |

| | | | |
|---|---|---|---|
|  |  | **patio de recreo**<br>빠띠오 데 레끄레오<br>n. masc. sg. (el) | 운동장<br>undongjang<br>playground |
|  |  | **maestra\***<br>마에스트라<br>n. fem. sg. (la) | 선생님<br>seonsaengnim<br>teacher |
|  |  | **niña\***<br>니냐<br>n. fem. sg. (la) | 소녀<br>sonyeo<br>girl |
|  |  | **niño\***<br>니뇨<br>n. masc. sg. (el) | 소년<br>sonyeon<br>boy |
|  |  | **alfabeto\***<br>알파베또<br>n. masc. sg. (el) | 알파벳<br>alpabet<br>alphabet |
|  |  | **suma**<br>수마<br>n. fem. sg. (la) | 덧셈<br>deotsem<br>sums / sum |
|  |  | **dibujo**<br>디부호<br>n. masc. sg. (el) | 그림<br>geurim<br>drawing |
| |  | **mapa**<br>마빠<br>n. masc. sg. (el) | 지도<br>jido<br>map |

La escuela | 학교

| | | |
|---|---|---|
| ⑨  | **globo terráqueo**<br>글로보 떼라께오<br>n. masc. sg. (el) | 지구본<br>jigubon<br>globe |
| ⑩  | **reloj**<br>렐로흐<br>n. masc. sg. (el) | 시계<br>sigye<br>clock |
| ⑪  | **pizarra**<br>삐싸라<br>n. fem. sg. (la) | 칠판<br>chilpan<br>(black/white) board |
| ⑫  | **tiza**<br>띠싸<br>n. fem. sg. (la) | 분필<br>bunpil<br>chalk |
| ⑬  | **borrador**<br>보라도르<br>n. masc. sg. (el) | 칠판 지우개<br>chilpan jiugae<br>board eraser |
| ⑭  | **escritorio**<br>에스끄리또리오<br>n. masc. sg. (el) | 책상<br>chaeksang<br>desk |
| ⑮  | **caballete**<br>까바예떼<br>n. masc. sg. (el) | 이젤<br>ijel<br>easel |
| ⑯  | **papelera**<br>빠뻴레라<br>n. fem. sg. (la) | 휴지통<br>hyujitong<br>wastepaper bin |

### libreta
리브레따
n. fem. sg. (la)

공책
gongchaek
**notebook**

### papel *
빠뻴
n. masc. sg. (el)

복사용지
jongi
**paper**

### lápiz
라삐쓰
n. masc. sg. (el)

연필
yeonpil
**pencil**

### bolígrafo*
볼리그라포
n. masc. sg. (el)

볼펜 / 펜
bolpen / pen
**ballpoint / pen**

### lápiz de color
라삐쓰 데 꼴로르
n. masc. sg. (el)

색연필
saegyeonpil
**colored pencil**

### lápiz de pastel*
라삐쓰 데 빠스텔
n. masc. sg. (el)

크레용
keureyong
**crayon**

### rotulador
뚤라도르
n. masc. sg. (el)

싸인펜
ssainpen
(Br.) **felt-tippen**
(AM.) **(pen) maker**

### goma de borrar
고마 데 보라르
n. fem. sg. (la)

지우개
jugae
**eraser / rubber**

La escuela | 학교   **111**

**regla**
레글라
n. fem. sg. (la)

자
ja
**ruler**

**pintura***
삔뚜라
n. fem. sg. (la)

물감
mulgam
**paint**

**pincel**
삔쎌
n. masc. sg. (el)

붓
but
**brush**

**tijera***
띠헤라
n. fem. sg. (la)

가위
gawi
**scissors**

**cola***
꼴라
n. fem. sg. (la)

풀
pul
**glue**

**chincheta**
친체따
n. fem. sg. (la)

압정
apjeong
**pushpin**

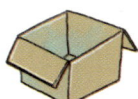
**caja**
까하
n. fem. sg. (la)

상자
sangja
**box**

**emblema**
엠블레마
n. masc. sg. (el)

배지
baeji
**badge**

# El hospital y la consulta
## 병원과 진료실

**hospital** 병원
오스삐딸 byeongwon
n. masc. sg. (el) hospital

| 1 | enfermera* | 간호사 | 9 | algodón | 솜 | 17 | venda adhesiva* | 반창고 |
| 2 | doctora* | 의사 | 10 | pañuelo de papel | 휴지 | 18 | pañal | 기저귀 |
| 3 | médico* | 의사 | 11 | bandeja | 쟁반 | 19 | sala de espera | 대기실 |
| 4 | camilla | 침대 | 12 | muleta | 목발 | 20 | ascensor* | 엘리베이터 |
| 5 | cortina | 커튼 | 13 | bastón para caminar | 지팡이 | 21 | ambulancia | 구급차 |
| 6 | medicina* | 약 | 14 | silla de ruedas | 휠체어 | 22 | pastilla* | 알약 |
| 7 | jeringa* | 주사기 | 15 | yeso* | 깁스 |
| 8 | termómetro | 온도계 | 16 | venda* | 붕대 |

| | | | |
|---|---|---|---|
| 1 |  | **enfermera*** 엔페르메라 n. fem. sg. (la) | 간호사 ganhosa **nurse** |
| 2 |  | **doctora*** 독또라 n. fem. sg. (la) | 의사(여) uisa **doctor** |
| 3 |  | **médico*** 메디꼬 n. masc. sg. (el) | 의사(남) uisa **physician / doctor / medic** |
| 4 |  | **camilla** 카미야 n. fem. sg. (la) | 침대 chimdae **gurney / stretcher** |
| 5 | 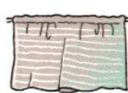 | **cortina** 꼬르띠나 n. fem. sg. (la) | 커튼 keoteun **curtain** |
| 6 |  | **medicina*** 메디시나 n. fem. sg. (la) | 약 yak **medicine** |
| 7 |  | **jeringa*** 헤링가 n. fem. sg. (la) | 주사기 jusagi **syringe** |
| 8 |  | **termómetro** 떼르모메뜨로 n. masc. sg. (el) | 온도계 ondogye **thermometer** |

### algodón
알·고돈
n. masc. sg. (el)

솜
som
cotton wool

### pañuelo de papel
빠누엘로 데 빠뺄
n. masc. sg. (el)

휴지
hyuji
tissues

### bandeja
반데하
n. fem. sg. (la)

쟁반
jaengban
tray

### muleta
물러따
n. fem. sg. (la)

목발
mokbal
crutches

### bastón para caminar
바스똔 빠라 까미나르
n. masc. sg. (el)

지팡이
jipangi
walking stick

### silla de ruedas
시야 데 루에다스
n. fem. sg. (la)

휠체어
hwilcheeo
wheelchair

### yeso*
예소
n. masc. sg. (el)

깁스
gipseu
plaster

### venda*
벤다
n. fem. sg. (la)

붕대
bungdae
bandage

El hospital y la consulta | 병원과 진료실  **115**

**17**

**venda adhesiva\***
벤다 아드에시바
n. fem. sg. (la)

반창고
banchanggo
**sticking plaster** / (AM.) **band-Aid**

**18**

**pañal**
빠냘
n. masc. sg. (el)

기저귀
gijeogwi
(Br.) **nappy** / (AM.) **diaper**

**19**

**sala de espera**
살라 데 에스뻬라
n. fem. sg. (la)

대기실
daegisil
**waiting room**

**20**

**ascensor\***
아쎈솔
n. masc. sg. (el)

엘리베이터
ellibeiteo
(Br.) **lift** / (AM.) **elevator**

**21**

**ambulancia**
암불란씨아
n. fem. sg. (la)

구급차
gugeupcha
**ambulance**

**22**

**pastilla\***
빠스띠야
n. fem. sg. (la)

알약
aryak
**pill**

# TEMA 23
## La oficina postal*
### 우체국

oficina postal* 우체국
오삐씨나 뽀스딸 ucheguk
n. fem. sg. (la) post office

| | | | | | | |
|---|---|---|---|---|---|---|
| 1 | cartero* | 우체부 | 9 | dirección | 주소 | |
| 2 | buzón | 우체통 | 10 | paquete | 소포 | |
| 3 | carta | 편지 | 11 | código postal* | 우편번호 | |
| 4 | correo postal | 우편 | 12 | balanza | 저울 | |
| 5 | carta postal | 엽서 | 13 | destinatario* | 수취인 | |
| 6 | correo internacional | 국제우편 | 14 | remitente* | 발신인 | |
| 7 | sello | 우표 | 15 | registro | 등기 | |
| 8 | sobre | 봉투 | 16 | devolución* | 반송 | |
| 17 | seguimiento | 추적번호 | | | | |
| 18 | peso | 무게 | | | | |
| 19 | pesado | 무겁다 | | | | |
| 20 | ligero | 가볍다 | | | | |
| 21 | enviar* | 보내다 | | | | |
| 22 | recibir | 받다 | | | | |
| 23 | consultar* | 조회하다 | | | | |

La oficina postal | 우체국  117

| | | |
|---|---|---|
| 1  | **cartero\*** 까르떼로 n. masc. sg. (el) | 우체부 uchebu postman |
| 2  | **buzón** 부쏜 n. masc. sg. (el) | 우체통 uchetong mailbox |
| 3  | **carta** 까르따 n. fem. sg. (la) | 편지 pyeonji letter |
| 4  | **correo postal** 꼬레오 뽀스딸 n. masc. sg. (el) | 우편 upyeon mail |
| 5  | **carta postal** 까르따 뽀스딸 n. fem. sg. (la) | 엽서 yeopseo postcard |
| 6  | **correo internacional** 꼬레오 인떼르나씨오날 n. masc. sg. (el) | 국제우편 gukjeupyeon international mail |
| 7  | **sello** 세요 n. masc. sg. (el) | 우표 upyo stamp |
| 8  | **sobre** 소브레 n. masc. sg. (el) | 봉투 bongtu envelope |

### dirección
디렉씨온
n. fem. sg. (la)

주소
juso
address

### paquete
빠께떼
n. masc. sg. (el)

소포
sopo
packet

 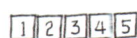
### código postal*
꼬디고 뽀스딸
n. masc. sg. (el)

우편번호
upyeonbeonho
zip code

### balanza
발란싸
n. fem. sg. (la)

저울
jeoul
scale

### destinatario*
데스띠나따리오
n. masc. sg. (el)

수취인
suchwiin
recipient

### remitente*
레미뗀떼
n. com. sg. (el, la)

발신인
balsinin
sender

### registro
레히스뜨로
n. masc. sg. (el)

등기
deunggi
registration

### devolución*
데볼루씨온
n. fem. sg. (la)

반송
bansong
return

La oficina postal | 우체국

**seguimiento**
쎄기미엔또
n. masc. sg. (el)

추적번호
chujeobeonho
tracking

**peso**
뻬소
n. masc. sg. (el)

무게
muge
weight

**pesado, pesada**
뻬사도 / 뻬사다
adj. m.f., sg.

무겁다
mugeopda
heavy

**ligero, ligera**
리헤로 / 리헤라
adj. m.f., sg.

가볍다
gabyeopda
light

**enviar***
엔비아르
v. tr.

보내다
bonaeda
to send

**recibir**
레씨비르
v. tr.

받다
batda
to receive

**consultar***
꼰술따르
v. tr.

조회하다
johoehada
to look up

# TEMA 24
## El banco*
## 은행

**banco*** 은행
방꼬 eunhaeng
n. masc. sg. (el) bank

| | | | | | | | | |
|---|---|---|---|---|---|---|---|---|
| 1 | libreta bancaria* | 통장 | 8 | contraseña | 비밀번호 | 15 | retirar* | 인출하다 |
| 2 | ventanilla | 창구 | 9 | tasa | 수수료 | 16 | ingresar | 입금하다 |
| 3 | cajero automático* | ATM | 10 | tasa de cambio | 환율 | 17 | transferir | 이체하다 |
| 4 | firma | 서명 | 11 | interés* | 이자 | 18 | cambiar | 환전하다 |
| 5 | efectivo* | 현금 | 12 | hipoteca | 대출 | | | |
| 6 | cheque* | 수표 | 13 | bancario* | 은행원 | | | |
| 7 | tarjeta de crédito* | 신용카드 | 14 | saldo* | 잔액 | | | |

El banco | 은행 121

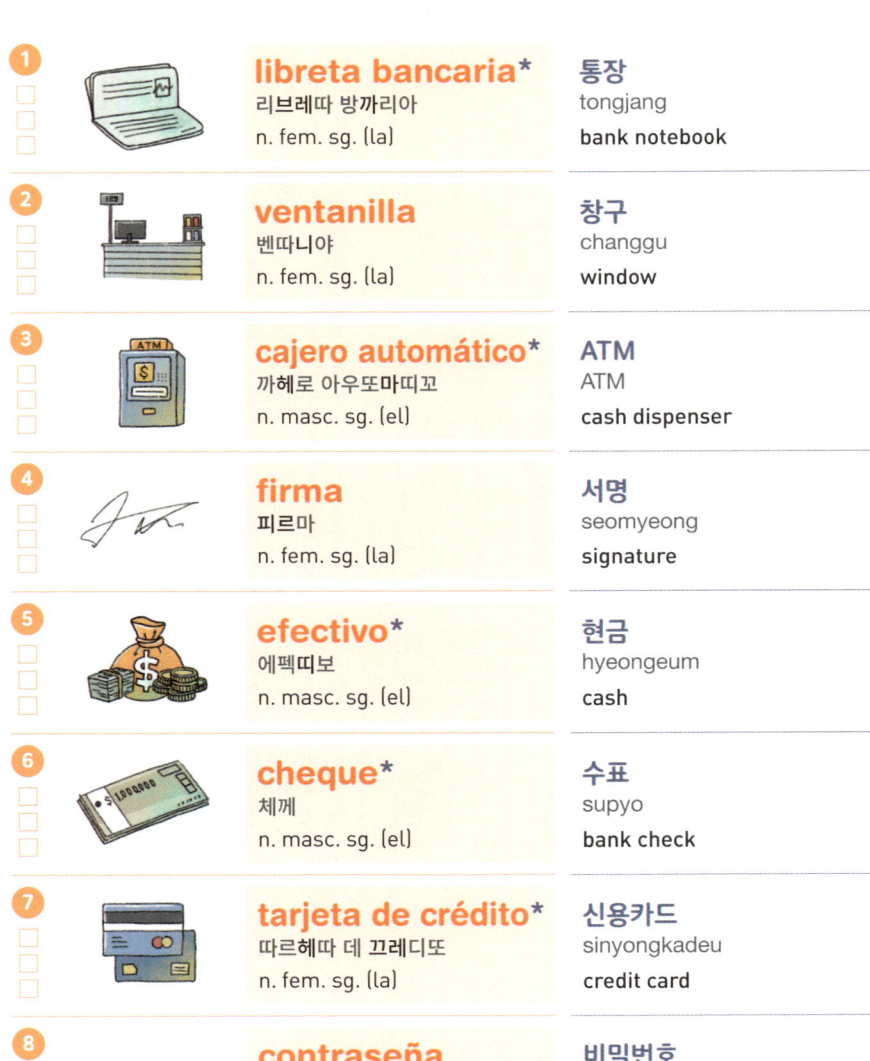

**1. libreta bancaria***
리브레따 방까리아
n. fem. sg. (la)
통장
tongjang
bank notebook

**2. ventanilla**
벤따니야
n. fem. sg. (la)
창구
changgu
window

**3. cajero automático***
까헤로 아우또마띠꼬
n. masc. sg. (el)
ATM
ATM
cash dispenser

**4. firma**
피르마
n. fem. sg. (la)
서명
seomyeong
signature

**5. efectivo***
에펙띠보
n. masc. sg. (el)
현금
hyeongeum
cash

**6. cheque***
체께
n. masc. sg. (el)
수표
supyo
bank check

**7. tarjeta de crédito***
따르헤따 데 끄레디또
n. fem. sg. (la)
신용카드
sinyongkadeu
credit card

**8. contraseña**
꼰뜨라세냐
n. fem. sg. (la)
비밀번호
bimilbeonho
password

### tasa
따사
n. fem. sg. (la)

수수료
susuryo
tax / rate

 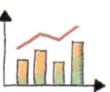
### tasa de cambio
따사 데 깜비오
n. fem. sg. (la)

환율
hwanyul
exchange rate

### interés*
인떼레스
n. masc. sg. (el)

이자
ija
interest

 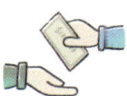
### hipoteca
이뽀떼까
n. fem. sg. (la)

대출
daechul
mortgage

### bancario*
방까리오
n. masc. sg. (el)

은행원
eunhaengwon
bank employee

### saldo*
살도
n. masc. sg. (el)

잔액
janaek
balance

### retirar*
레띠라르
v. tr.

인출하다
inchulhada
to withdraw

### ingresar
인그레사르
v. tr.

입금하다
ipgeumhada
to deposit

El banco | 은행  **123**

**transferir**
뜨란스페리르
v. tr.

이체하다
ichehada
to transfer

**cambiar**
깜비아르
v. tr.

환전하다
hwanjeonhada
to exchange

# TEMA 25

## La librería
서점

**librería** 서점
리브레리아 seojeom
n. em. sg. (la) bookstore

| | | | | | | |
|---|---|---|---|---|---|---|
| 1 | estante | 책꽂이 | 8 | bellas artes | 예술 |
| 2 | sección | 도서분야 | 9 | ciencia | 과학 |
| 3 | literatura | 문학 | 10 | infancia* | 유아 |
| 4 | novela | 소설 | 11 | hogar | 가정 |
| 5 | poesía | 시 | 12 | lengua extranjera | 외국어 |
| 6 | ensayo | 에세이 | 13 | diccionario | 사전 |
| 7 | historia | 역사 | 14 | revista | 잡지 |
| | | | 15 | cómic* | 만화 |
| | | | 16 | superventas* | 베스트셀러 |
| | | | 17 | libro | 책 |
| | | | 18 | recomendar | 추천하다 |
| | | | 19 | leer | 읽다 |

La librería | 서점  125

| # | | Español | 한국어 |
|---|---|---|---|
| 1 | | **estante**<br>에스딴떼<br>n. masc. sg. (el) | 책꽂이<br>chaekkoji<br>bookshelf |
| 2 | | **sección**<br>섹씨온<br>n. fem. sg. (la) | 도서분야<br>doseobunya<br>section |
| 3 | | **literatura**<br>리떼라뚜라<br>n. fem. sg. (la) | 문학<br>munhak<br>Literature |
| 4 | | **novela**<br>노벨라<br>n. fem. sg. (la) | 소설<br>soseol<br>Novel |
| 5 | | **poesía**<br>뽀에씨아<br>n. fem. sg. (la) | 시<br>si<br>Poetry |
| 6 | | **ensayo**<br>엔싸요<br>n. masc. sg. (el) | 글<br>geul<br>Essay |
| 7 | | **historia**<br>이스또리아<br>n. fem. sg. (la) | 역사<br>yeoksa<br>History |
| 8 | | **bellas artes**<br>베야스 아르떼스<br>n. fem. pl. (las) | 예술<br>yesul<br>Fine Arts |

### ciencia
씨엔씨아
n. fem. sg. (la)

과학
gwahak
Science

### infancia*
인판씨아
n. fem. sg. (la)

유아
yua
Children / Junior

### hogar
오가르
n. masc. sg. (el)

가정
gajeong
Home

### lengua extranjera
렝구아 엑스뜨랑헤라
n. fem. sg. (la)

외국어
oegugeo
Foreign Language

### diccionario
딕씨오나리오
n. masc. sg. (el)

사전
sajeon
Dictionarie

### revista
레비스따
n. fem. sg. (la)

잡지
japji
Magazine

### cómic*
꼬믹
n. masc. sg. (el)

만화
manhwa
Comic

### superventas*
스페르벤따스
n. masc. sg. (el)

베스트셀러
beseuteuselleo
bestseller / best-selling book

**libro**
리브로
n. masc. sg. (el)

책
chaek
book

**recomendar**
레꼬멘다르
v. tr.

추천하다
chucheonhada
to recommend

**leer**
레에르
v. tr.

읽다
ikda
to read

# La papelería / Los artículos de oficina
## 문구류

**papelería** 문구점
빠뻴레리아  mungujeom
n. fem. sg. (la)  stationery

| | | | | | |
|---|---|---|---|---|---|
| 1 | agenda | 다이어리 | 5 | clip* | 클립 |
| 2 | pluma estilográfica | 만년필 | 6 | clasificador | 파일정리함 |
| 3 | grapadora | 스템플러 | 7 | celo* | 스카치테이프 |
| 4 | grapa | 스템플러 심 | 8 | corrector | 화이트 테이프 |
| 9 | cuchilla* (de oficina) | 사무용 칼 | | | |
| 10 | marcador* | 형광펜 | | | |
| 11 | papel (para notas) | 포스트 | | | |
| 12 | bloc de notas* | 메모장 | | | |

### agenda
아헨다
n. fem. sg. (la)

다이어리
daieori
diary

### pluma estilográfica
쁠루마 에스띨로그라삐까
n. fem. sg. (la)

만년필
mannyeonpil
fountain pen

### grapadora
그라빠도라
n. fem. sg. (la)

스템플러
seutempeulleo
stempler / stapler

### grapa
그라빠
n. fem. sg. (la)

스템플러 심
seutempeulleo sim
staple

### clip*
끌립
n. masc. sg. (el)

클립
keullip
clip

### clasificador
끌라시피가도르
n. masc. sg. (el)

파일정리함
pailjeongniham
classifier

### celo*
쎌로
n. masc. sg. (el)

스카치테이프
seukachiteipeu
Scotch tape

### corrector
꼴렉또르
n. masc. sg. (el)

화이트 테이프
hwaiteu teipeu
correction tape

### cuchilla*(de oficina)
꾸치야 (데 오피씨나)
n. fem. sg. (la)

### 사무용 칼
samuyong kal
**handy cutter**

### marcador*
마르까도르
n. masc. sg. (el)

### 형광펜
hyeonggwangpen
**marker**

### papel (para notas)
빠뻴 (파라 노따스)
n. masc. sg. (el)

### 포스트잇
poseuteuit
**post-it**

 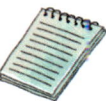
### bloc de notas*
블록 데 노따스
n. masc. sg. (el)

### 메모장
memojang
**notepad**

# TEMA 27

## El ordenador*
컴퓨터

*ordenador (de mesa)* 컴퓨터
오르데나도르 (데 메사) keompyuteo
n. masc. sg. (el) computer

### ordenador* portátil
오르데나도르 뽀르따띨
n. masc. sg. (el)

노트북 컴퓨터
noteubuk keompyuteo
**laptop**

### pantalla
빤따야
n. fem. sg. (la)

화면
hwamyeon
**screen**

### monitor
모니또르
n. masc. sg. (el)

모니터
moniteo
**monitor**

### ratón
라똔
n. masc. sg. (el)

마우스
mauseu
**mouse**

### teclado
떼끌라도
n. masc. sg. (el)

키보드
kibodeu
**keyboard**

### disquete
디스께떼
n. masc. sg. (el)

디스켓
diseuket
**diskette**

### documento*
도꾸멘또
n. masc. sg. (el)

파일 / 문서
pail / munseo
**file / document**

### carpeta
끄르뻬따
n. fem. sg. (la)

폴더
poldeo
folder

### café Internet*
까메 인떼르넷
n. masc. sg. (el)

PC방
pisibang
Internet cafe

### Internet
인티르넷
n. amb. sg. (el, la)

인터넷
inteonet
Internet

### página de inicio
빠히 나 데 이니씨오
n. fem. sg. (la)

홈페이지
hompeiji
home page

### página web*
빠히나 웹
n. fem. sg. (la)

웹 페이지
wep peiji
web site

### correo electrónico
꼬레오 엘렉뜨로니꼬
n. masc. sg. (el)

이메일
meil
e-mail

### mensaje
멘사헤
n. masc. sg. (el)

메시지
mesiji
message

### dirección
디렉씨온
n. fem. sg. (la)

주소
juso
address

El ordenador | 컴퓨터  **133**

## 16
**título**
띠뚤로
n. masc. sg. (el)

글 제목
geuljemok
title

## 17
**asunto***
아순또
n. masc. sg. (el)

제목
jemok
subject

## 18
**texto***
떽스또
n. masc. sg. (el)

글
geul
text

## 19
**nombre**
놈브레
n. masc. sg. (el)

이름
ireum
name

## 20
**imagen**
이마헨
n. fem. sg. (la)

이미지
imiji
image

## 21
**selección**
셀렉씨온
n. fem. sg. (la)

선택
seontaek
selection

## 22
**aviso***
아비소
n. masc. sg. (el)

소식
sosik
notice

## 23
**información**
인뽀르마씨온
n. fem. sg. (la)

정보
jeongbo
information

### encender
엔쎄데르
v. tr. / prnl.

켜다
kyeoda
to turn on

### apagar
아빠가르
v. tr. / prnl.

끄다
kkeuda
to turn off

### escribir
에스끄리비르
v. tr. / prnl.

쓰다
sseuda
to write

### enviar
엔비아르
v. tr. / prnl.

보내다
bonaeda
to send

### recibir
레씨비르
v. tr.

받다
batda
to receive

### pegar
뻬가르
v. tr / prnl.

붙이다
buchida
to paste

### confirmar
꼼삐르마르
v. tr.

확인하다
hwaginhada
to confirm

### salvar*
살바르
v. tr.

저장하다
jeojanghada
to save

El ordenador | 컴퓨터

**32** **ayudar**
아유다르
v. tr. / prnl.

돕다
dopda
to help

**33** **perder**
뻬르데르
v. tr. / prnl.

잃어버리다
ireobeorida
to lose

**34** **cargar\***
까르가르
v. tr. / prnl.

올리다
ollida
to upload

**35** **descargar\***
데스까르가르
v. tr. / prnl.

다운받다
daunbatda
to download

**36** **añadir\***
아냐디르
v. tr.

첨부하다
cheombuhada
to attach

**37** **seleccionar**
셀렉씨오나르
v. tr. / prnl.

선택하다
seontaekada
to select

**38** **entrar**
엔뜨라르
v. tr. / prnl.

입장하다
ipjanghada
to enter

TEMA 28

# El teléfono inteligente*
스마트폰

\* teléfono inteligente
똘레뽀노 인뗄리헨떼
n. masc. sg. (el)

스마트폰
seumateupon
smartphone

**①**

### teléfono móvil*
뗄레뽀노 모빌
n. masc. sg. (el)

핸드폰
haendeupon
(Br.) mobile phone /
(AM.) cellphone

**②**

### aplicación
아쁠리까씨온
n. fem. sg. (la)

어플리케이션
eopeullikeisyeon
application

**③**

### mensaje
멘사헤
n. masc. sg. (el)

메시지
mesiji
message

**④**

### vídeo*
비데오
n. masc. sg. (el)

동영상
dongyeongsang
video (recording)

**⑤**

### directorio*
디렉또리오
n. masc. sg. (el)

전화번호부
jeonhwabeonhobu
directory / phonebook

**⑥**

010 - 123 - 4567

### número de teléfono
누메로 데 뗄레뽀노
n. masc. sg. (el)

전화번호
jeonhwabeonho
phone number

**⑦**

### ajustes
아후스떼스
n. masc. pl. (los)

설정
seoljeong
settings

El teléfono inteligente | 스마트폰   **137**

### modo de avión
모노 데 아비온
n. mas. sg. (el)

비행기 모드
bihaeuggi modeu
airplane mode

### datos móviles
다토스 모빌레스
n. masc. pl. (los)

데이터
deitero
data

### código
코디고
n. masc. sg. (el)

비밀번호
bimilbeonho
password / code

### batería
바테리아
n. fem. sg. (la)

배터리
baeteori
battery

### notificación
노티피까시온
n. fem. sg. (la)

알림
allim
notification

### centro de control
쎈트로 데 컨트로르
n. masc. sg. (el)

제어센터
jeeosenteo
control center

### privacidad
프리바시다드
n. fem. sg. (la)

프라이버시
peuraibeosi
privacy

### sonido
소니도
n. masc. sg. (el)

소리
sori
sound

### general
헤네랄
adj. com. sg.

일반
ilban
general

### operador
오뻬라도르
n. masc. sg. (el)

통신사
tongsinsa
operator

### fondo de pantalla
폰도 데 판타야
n. masc. sg. (el)

배경화면
baegyeonghwamyeon
wall paper

### recargar
레끼르가르
v. tr.

충전하다
chungjeonhada
to charge

### hablar (por teléfono)
아블라르 (뽀르 뗄레포노)
v. intr.

통화하다
tonghwahada
to talk (on the phone)

# TEMA 29

## Los electrodomésticos*
### 가전제품

**electrodoméstico**
엘렉트로도메스띠꼬
n.masc. sg. (el)

가전제품
kajeonjepum
appliance

**1**
### calentador (de agua)
깔렌따도르 (데 아구아)
n. masc. sg. (el)

온수기
onsugi
**water heater**

**2**
### lavadora
라바도라
n. fem. sg. (la)

세탁기
setakgi
**washing machine**

**3**
### lavaplatos*
라바쁠라또스
n. masc. sg. (el)

식기 세척기
sikgi secheokgi
**dishwasher**

**4**
### secadora (de ropa)
세까도라 (데 로빠)
n. fem. sg. (la)

의류 건조기
uiryu geonjogi
**clothes dryer**

**5**
### plancha de ropa)
쁠란차
n. fem. sg. (la)

다리미
darimi
**iron**

**6**
### estufa (eléctrica)*
에스뚜파 (엘렉뜨리까)
n. fem. sg. (la)

히터 / 전기 스토브
hiteo
**heater**

**7**
### aire acondicionado*
아이레 아꼰디씨오나도
n. masc. sg. (el)

에어컨
eeokeon
**air conditioner**

### ventilador
벤띨라도르
n. masc. sg. (el)

선풍기
seonpunggi
electric fan

### aspiradora*
아스삐라도라
n. fem. sg. (la)

진공 청소기
jingong cheongsogi
vacuum cleaner

### humidificador
우미디피까도르
n. masc. sg. (el)

가습기
gaseupgi
humidifier

### deshumidificador
데스우미디피까도르
n. masc. sg. (el)

제습기
jeseupgi
dehumidifier

### horno
오르노
n. masc. sg. (el)

오븐
obeun
oven

### cocina*
꼬씨나
n. fem. sg. (la)

가스 레인지
gaseu reinji
gas range

### frigorífico*
프리고리피꼬
n. masc. sg. (el)

냉장고
naengjanggo
refrigerator

### congelador
꽁헬라도르
n. masc. sg. (el)

냉동고
naengdonggo
freezer

Los electrodomésticos | 가전제품

**batidora***
바띠도라
n. fem. sg. (la)

믹서기
mikseogi
hand blender

**licuadora***
리꾸아도라
n. fem. sg. (la)

과즙기
gwajeupgi
juicer

**cafetera**
까페떼라
n. fem. sg. (la)

커피 메이커
keopi meikeo
coffee maker

**tostadora***
또스따도라
n. fem. sg. (la)

토스터
toseuteo
toaster

**microondas***
미끄로온다스
n. masc. sg. (el)

전자 레인지
jeonja reinji
microwave

**campana extractora***
깜빠나 엑스뜨락또라
n. fem. sg. (la)

연기 후드
yeongi hudeu
extractor hood

**secador (de cabello)**
세까도르 (데 까베요)
n. masc. sg. (el)

헤어 드라이어
heeo deuraieo
hair dryer

**plancha (de cabello)***
쁠란차 (데 까베요)
n. fem. sg. (la)

고데기
godegi
hair iron

### cepillo de dientes eléctrico
쎄삐요 데 디엔떼스 엘렉뜨리꼬
n. masc. sg. (el)

전동 칫솔
jeondong chitsol
electric toothbrush

### máquina de afeitar
마끼나 데 아페이따르
n. fem. sg. (la)

전기 면도기
jeongi myeondogi
electric shaver

### radio*
라디오
n. amb. sg. (el, la)

라디오
radio
radio

### televisor (de plasma)*
뗄레비소르 (데 쁠라스마)
n. masc. sg. (el)

플라즈마TV
peullajeuma TV
TV plasma

### tocadiscos
또까디스꼬스
n. masc. sg. (el)

턴테이블
teonteibeul
turntable

### reproductor de CD
레쁘로둑또르 데 쎄데
n. masc. sg. (el)

CD 플레이어
CD peulleieo
CD player

### reproductor de DVD
레쁘로둑또르 데 데우베데
n. masc. sg. (el)

DVD플레이어
DVD peulleieo
DVD player

### equipo de música
에끼뽀 데 무시까
n. masc. sg. (el)

음악 장비
eumak jangbi
music equipment

**vídeo***
비데오
n. masc. sg. (el)

비디오
bidio
video

**mando a distancia***
만도 아 디스딴시아
n. masc. sg. (el)

리모컨
rimokeon
remote control

# TEMA 30

## Los medios de comunicación
매스 미디어

**televisión\***
뗄레비시온
n. fem(la). sg. (la)
텔레비전
telebijeon
television

### emisión de televisión
뗄레비시온
n. fem. sg. (la)

텔레비전 방송
telebijeon bansong
television (TV) broadcast

 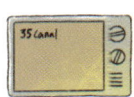
### canal (de televisión)
까날 (데 뗄레비시온)
n. masc. sg. (el)

(텔레비전)채널
telebijeon chaeneol
TV channel

### programa (de TV)
쁘로그라마
n. masc. sg. (el)

(텔레비전)프로그램
telebijeon peurogeuraem
TV program

### noticiario\*
노띠씨아리오
n. masc. sg. (el)

(텔레비전) 뉴스
nyuseu
news bulletin

### presentador\*
쁘레센따도르
n. masc. sg. (el

아나운서
anaunseo
announcer

### serie (de TV)\*
세리에 (데 떼우베)
n. fem. sg. (la)

텔레비전 드라마
telebijeon deurama
TV drama

### episodio
에삐소디오
n. masc. sg. (el)

일화 / 에피소드
ilhwa / episode
episode

### película*
뻴리꿀라
n. fem. sg. (la)

영화
yeonghwa
movie

### banda sonora
반다 소노라
n. fem. sg. (la)

사운드 트랙
saundeuteuraek
soundtrack

### protagonista*
쁘로따고니스따
n. com. sg. (el, la)

주연
juyeon
protagonist

### documental
도꾸멘딸
n. masc. sg. (el)

다큐멘터리 쇼
dakyumenteori syo
documentary

### programa de deportes
쁘로그라마 데 데뽀르떼스
n. masc. sg. (el)

스포츠 프로그램
seupocheu peurogeuraem
sport program

### dibujos animados
디부호스 아니마도스
n. masc. pl. (los)

만화
manhwa
cartoon

### concurso
꽁꾸르소
n. masc. sg. (el)

퀴즈프로그램
kwijeu peurogeuraem
quiz program

### concursante
꽁꾸르산떼
n. com. sg. (el, la)

참가자
chamgaja
contestant

16

### premio
쁘레미오
n. masc. sg. (el)

상 / 상금
sang / sanggeum
prize

17

### teatro
떼아-뜨로
n. masc. sg. (el)

극장 / 연극
geukjang / yeongeuk
theatre

18

### espectador*
에스뻭따도르(라)
n. masc. sg. (el)

관객
gwangaek
spectator

19

### antena
안떼나
n. fem. sg. (la)

안테나
antena
antenna

20

### emisora*
에미소라
n. fem. sg. (la)

방송국
bangsongguk
broadcasting station

21

### prensa*
쁘렌사
n. fem. sg. (la)

언론사
eollonsa
Press

22

### artículo de prensa
아르띠꿀로 데 쁘렌사
n. masc. sg. (el)

뉴스기사
nyuseugisa
press article

## TEMA 31

# El hotel y el alojamiento
호텔 / 숙소

*hotel*
오텔
n. masc. sg. [el]

호텔
hotel
hotel

| | | | | | | |
|---|---|---|---|---|---|---|
| 1 | vestíbulo* | 로비 | 9 | uniforme | 유니폼 | |
| 2 | mostrador de recepción | 접수처 | 10 | servicio de habitación | 룸 서비스 | |
| 3 | consigna | 수하물 보관소 | 11 | huésped | 게스트 | |
| 4 | gerente de hotel | 호텔 매니저 | 12 | reserva* | 예약 | |
| 5 | recepcionista | 접수 담당자 | 13 | factura* | 계산서 | |
| 6 | botones | 벨보이 | 14 | tarifa* | 요금 | |
| 7 | personal de limpieza | 호텔 청소원 | 15 | impuesto* | 세금 | |
| 8 | aparcacoches | 발렛/ 주차요원 | 16 | recibo | 영수증 | |
| | | | 17 | caja fuerte | 금고 | |

| | | | |
|---|---|---|---|
| 18 | folleto | 안내책자 |
| 19 | ascensor* | 엘리베이터 |
| 20 | piso* | 층 |
| 21 | salida de emergencia | 비상구 |
| 22 | habitación* | 침실 |
| 23 | llave | 열쇠 |
| 24 | cama doble | 더블 베드 |
| 25 | calefacción | 난로 |
| 26 | despertador* | 알람 |

1.
**vestíbulo***
베스띠불로
n. masc. sg. (el)

로비
robi
lobby

2.
**mostrador de recepción**
모스뜨라도르 데 레쎕씨온
n. masc. sg. (el)

접수처
jeopsucheo
front desk

3.
**consigna**
꼰씨그나
n. fem. sg. (la)

수하물 보관소
suhamul bogwanso
(Br.) **cloakroom** / (AM.) **checkroom**

4.
**gerente de hotel**
헤렌떼 데 오뗄
n. com. sg. (el, la)

호텔 매니저
hotel maenijeo
hotel manager

5.
**recepcionista**
레쎕씨오니스따
n. com. sg. (el, la)

접수 담당자 / 리셉셔니스트
jeopsu damdangja / risepsyeoniseuteu
receptionist

6.
**botones**
보또네스
n. com. sg. (el, la)

벨보이
belboi
bellboy

7.
**personal de limpieza**
뻬르소날 데 림삐에싸
n. masc. sg. (el)

호텔 청소원
hotel cheongsowon
hotel cleaning staff

8.
**aparcacoches**
아빠르까꼬체스
n. com. sg. (el, la)

발렛 / 주차요원
ballet / juchayowon
valet

**uniforme**
우니뽀르메
n. masc. sg. (el)

유니폼
yunipom
uniform

**servicio de habitación**
세르비씨오 데 아비따씨온
n. masc. sg. (el)

룸 서비스
rum seobiseu
room service

**huésped**
우에스뻬드
n. com. sg. (el, la)

게스트 / 숙박 손님
geseuteu / sukbak sonnim
guest

**reserva\***
레세르바
n. fem. sg. (la)

예약
yeyak
reservation

**factura\***
팍뚜라
n. fem. sg. (la)

계산서
gyesanseo
bill

**tarifa\***
따리파
n. fem. sg. (la)

요금
yogeum
rate

**impuesto\***
임뿌에스또
n. masc. sg. (el)

세금
segeum
tax

**recibo**
레씨보
n. masc. sg. (el)

영수증
yeongsujeung
receipt

### caja fuerte
까하 푸에르떼
n. fem. sg. (la)

금고
geumgo
safe

### folleto
포게또
n. masc. sg. (el)

안내책자
annaechaekja
brochure

### ascensor*
아쎈쏘르
n. masc. sg. (el)

엘리베이터
ellibeiteo
elevator

### piso*
삐소
n. masc. sg. (el)

층
cheung
floor

### salida de emergencia
살리다 데 에메르헨씨아
n. fem. sg. (la)

비상구
bisanggu
emergency exit

### habitación*
아비따씨온
n. fem. sg. (la)

침실
chimsil
room

### llave
야베
n. fem. sg. (la)

열쇠
yeolsoe
key

### cama doble
까마 도블레
n. fem. sg. (la)

2인용 침대
inyoung chimdae
double bed

**calefacción**
깔레팍씨온
n. fem. sg. (la)

난로
nallo
heater

**despertador***
데스뻬르따도르
n. masc. sg. (el)

알람
allam
alarm clock

# TEMA 32

## La tienda de alimentación
식료품점

tienda de alimentos* 식료품점
띠엔다 데 알리멘또스
n. fem. sg. (la)
signyopumjeong
grocery store

| | | | | | | |
|---|---|---|---|---|---|---|
| 1 | carro de la compra | 카트 | 8 | bolso (de mano) | 손가방 | |
| 2 | cesta (de la compra) | 장바구니 | 9 | botella | 병 | |
| 3 | bolsa (de la compra) | 쇼핑백 | 10 | bote | 병 | |
| 4 | balanza* | 저울 | 11 | lata | 캔 | |
| 5 | caja (para pagar) | 계산대 | 12 | harina | 밀가루 | |
| 6 | dinero | 돈 | 13 | huevo | 달걀 | |
| 7 | monedero | 지갑 | 14 | producto lácteo | 유제품 | |

| | | |
|---|---|---|
| 15 | queso | 치즈 |
| 16 | jamón | 햄 |
| 17 | salchicha | 소시지 |
| 18 | salchichón | 살라미 소시지 |
| 19 | pollo | 닭고기 |
| 20 | carne | 고기 |
| 21 | pescado | 물고기 |

La tienda de alimentación | 식료품점

**1. carro de la compra**
까로 데 라 꼼쁘라
n. masc. sg. (el)
카트
kateu
trolley

**2. cesta (de la compra)**
쎄스따 (데 라 꼼쁘라)
n. fem. sg. (la)
장바구니
jangbaguni
basket

**3. bolsa (de la compra)**
볼사 (데 라 꼼쁘라)
n. fem. sg. (la)
쇼핑백
syopingbaek
carrier bag

**4. balanza\***
발란싸
n. fem. sg. (la)
저울
jeoul
scale

**5. caja (para pagar)**
까하 (빠라 빠가르)
n. fem. sg. (la)
계산대
gyesandae
checkout

**6. dinero**
디네로
n. masc. sg. (el)
돈
don
money

**7. monedero**
모네데로
n. masc. sg. (el)
지갑
jigap
purse

**8. bolso (de mano)**
볼소 (데 마노)
n. masc. sg. (el)
손가방
songabang
handbag

### botella
보떼야
n. fem. sg. (la)

병
byeong
bottle

### bote
보떼
n. masc. sg. (el)

병
byeong
jar

### lata
라다
n. fem. sg. (la)

캔
kaen
tin

### harina
아리나
n. fem. sg. (la)

밀가루
milgaru
flour

### huevo
우에보
n. masc. sg. (el)

달걀
dalgyal
egg

### producto lácteo
쁘로둑또 락떼오
n. masc. sg. (el)

유제품
yujepum
dairy product

### queso
께소
n. masc. sg. (el)

치즈
chijeu
cheese

### jamón
하몬
n. masc. sg. (el)

햄
haem
ham

17
**salchicha**
살치차
n. fem. sg. (la)

소시지
sosiji
**sausage**

18
**salchichón**
살치촌
n. masc. sg. (el)

살라미 소시지
sallami sosiji
**salami**

19
**pollo**
뽀요
n. masc. sg. (el)

닭고기
dakgogi
**chicken**

20
**carne**
까르네
n. fem. sg. (la)

고기
gogi
**meat**

21
**pescado**
뻬쓰까도
n. masc. sg. (el)

생선
saengseon
**fish**

# TEMA 33

## La fruta y la frutería
과일

**fruta** 과일
프루따 gwail
n. fem. sg. (la) fruit

| | | | | | | |
|---|---|---|---|---|---|---|
| 1 | manzana | 사과 | 7 | frambuesa | 산딸기 | 13 | melón | 멜론 |
| 2 | naranja | 오렌지 | 8 | cereza | 체리 | 14 | melocotón* | 복숭아 |
| 3 | pera | 배 | 9 | mandarina | 감귤 | 15 | piña | 파인애플 |
| 4 | uva | 포도 | 10 | pomelo | 자몽 | 16 | ciruela | 자두 |
| 5 | banana* | 바나나 | 11 | limón | 레몬 | 17 | sandía | 수박 |
| 6 | fresa | 딸기 | 12 | albaricoque | 살구 | 18 | kiwi | 키위 |

La fruta y la frutería | 과일  **157**

| | | |
|---|---|---|
| **1** | **manzana**  만싸나  n. fem. sg. (la) | 사과  sagwa  apple |
| **2** | **naranja**  나랑하  n. fem. sg. (la) | 오렌지  orenji  orange (fruit) |
| **3** | **pera**  뻬라  n. fem. sg. (la) | 배  bae  pear |
| **4** | **uva**  우바  n. fem. sg. (la) | 포도  podo  grapes |
| **5** | **banana\***  바나나  n. fem. sg. (la) | 바나나  banana  banana |
| **6** | **fresa**  프레사  n. fem. sg. (la) | 딸기  ttalgi  strawberry |
| **7** | **frambuesa**  프람부에사  n. fem. sg. (la) | 산딸기  santtalgi  raspberry |
| **8** | **cereza**  쎄레싸  n. fem. sg. (la) | 체리  cheri  cherry |

### 9. mandarina
만다리나
n. fem. sg. (la)

감귤
gamgyul
mandarin

### 10. pomelo
뽀멜로
n. masc. sg. (el)

자몽
jamong
grapefruit

### 11. limón
리몬
n. masc. sg. (el)

레몬
remon
lemon

### 12. albaricoque
알바리꼬께
n. masc. sg. (el)

살구
salgu
apricot

### 13. melón
멜론
n. masc. sg. (el)

멜론
mellon
melon

### 14. melocotón*
멜로꼬똔
n. masc. sg. (el)

복숭아
boksunga
peach

### 15. piña
삐냐
n. fem. sg. (la)

파인애플
painaepeul
pineapple

### 16. ciruela
씨루엘라
n. fem. sg. (la)

자두
jadu
plum

**sandía**
산디아
n. fem. sg. (la)

수박
subak
**watermelon**

**kiwi**
키위
n. masc. sg. (el)

키위
kiwi
**kiwi**

# TEMA 34
## Las verduras* y la verdulería
채소

**verdura** 채소
베르두라 chaeso
n. fem. sg. (la) vegetable

| | | | | | | | |
|---|---|---|---|---|---|---|---|
| 1 | zanahoria | 당근 | 7 | cebolla | 양파 | 13 espinaca | 시금치 |
| 2 | coliflor | 컬리플라워 | 8 | col | 배추 | 14 alubia* | 강낭콩 |
| 3 | cebolleta | 파 | 9 | lechuga | 상추 | 15 calabaza | 호박 |
| 4 | champiñón | 버섯 | 10 | guisante | 완두콩 | | |
| 5 | pepino | 오이 | 11 | tomate | 토마토 | | |
| 6 | apio | 샐러리 | 12 | patata | 감자 | | |

| | | |
|---|---|---|
| **1** | **zanahoria**<br>싸나오리아<br>n. fem. sg. (la) | 당근<br>danggeun<br>carrot |
| **2** | **coliflor**<br>꼴리플로르<br>n. fem. sg. (la) | 컬리플라워<br>keollipeullawo<br>cauliflower |
| **3** | **cebolleta**<br>쎄보예따<br>n. fem. sg. (la) | 파<br>pa<br>green onion |
| **4** | **champiñón**<br>참피뇬<br>n. masc. sg. (el) | 버섯<br>beoseot<br>mushroom |
| **5** | **pepino**<br>뻬삐노<br>n. masc. sg. (el) | 오이<br>oi<br>cucumber |
| **6** | **apio**<br>아삐오<br>n. masc. sg. (el) | 샐러리<br>saelleori<br>celery |
| **7** | **cebolla**<br>쎄보야<br>n. fem. sg. (la) | 양파<br>yangpa<br>onion |
| **8** | **col**<br>꼴<br>n. fem. sg. (la) | 배추<br>baechu<br>cabbage |

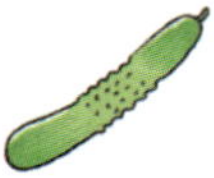

**9. lechuga**
레추가
n. fem. sg. (la)

상추
sangchu
lettuce

**10. guisante**
기산떼
n. masc. sg. (el)

완두콩
wandukong
pea

**11. tomate**
또마떼
n. masc. sg. (el)

토마토
tomato
tomato

**12. patata**
빠따따
n. fem. sg. (la)

감자
gamja
potato

**13. espinaca**
에스삐나까
n. fem. sg. (la)

시금치
sigeumchi
spinach

**14. alubia\***
알루비아
n. fem. sg. (la)

강낭콩
gangnamkong
bean

**15. calabaza**
깔라-바싸
n. fem. sg. (la)

호박
hobak
pumpkin

Las verduras y la verdulería | 과일

# TEMA 35

## La comida y los alimentos
음식

comida
꼬미다
n. fem. sg. (la)
음식
eumsik
food

| # | | # | | # | | |
|---|---|---|---|---|---|---|
| 1 | desayuno | 아침식사 | 13 | tortita* | 팬 케이크 |
| 2 | almuerzo* | 점심식사 | 14 | cereal | 씨리얼 |
| 3 | cena | 저녁식사 | 15 | galleta | 쿠키 |
| 4 | café | 커피 | 16 | mantequilla | 버터 |
| 5 | té | 차(茶) | 17 | mermelada | 잼 |
| 6 | leche | 우유 | 18 | miel | 꿀 |
| 7 | chocolate caliente | 핫초코 | 19 | yogur | 요구르트 |
| 8 | huevo hervido* | 삶은 달걀 | 20 | nata | 생크림 |
| 9 | huevo frito | 달걀 후라이 | 21 | azúcar | 설탕 |
| 10 | tostada | 토스트 | 22 | sal | 소금 |
| 11 | pan | 빵 | 23 | pimienta | 후추 |
| 12 | panecillo | 모닝빵 | 24 | sopa | 수프 |
| 25 | ensalada | 샐러드 |
| 26 | puré de patata | 으깬 감자/매시포테이토 |
| 27 | tortilla | 오믈렛 |
| 28 | arroz | 밥 |
| 29 | espagueti* | 스파게티 |
| 30 | hamburguesa | 햄버거 |
| 31 | pizza | 피자 |
| 32 | patata frita* | 감자튀김 |
| 33 | postre | 디저트 |
| 34 | helado | 아이스크림 |

### 1

**desayuno**
데사이유노
n. masc. sg. (el)

아침식사
achimsiksa
breakfast

### 2

**almuerzo\***
알무에르쏘
n. masc. sg. (el)

점심식사
jeomsimsiksa
lunch

### 3

**cena**
쎄나
n. fem. sg. (la)

저녁식사
jeonyeoksiksa
supper / dinner

### 4

**café**
까페
n. masc. sg. (el)

커피
keopi
coffee

### 5

**té**
떼
n. masc. sg. (el)

차(茶)
cha
tea

### 6

**leche**
레체
n. fem. sg. (la)

우유
uyu
milk

### 7

**chocolate caliente**
초콜라떼 깔리엔떼
n. masc. sg. (el)

핫초코
hatchoko
hot chocolate

### 8

**huevo hervido\***
우에보 에르비도
n. masc. sg. (el)

삶은 달걀
salmeun dalgyal
boiled egg

**9. huevo frito**
우에보 프리또
n. masc. sg. (el)

달걀 후라이
dalgyal hurai
fried egg

**10. tostada**
또스따다
n. fem. sg. (la)

토스트
toseuteu
toast

**11. pan**
빤
n. masc. sg. (el)

빵
ppang
bread

**12. panecillo**
빠네씨요
n. masc. sg. (el)

모닝빵
moningppang
bread roll

**13. tortita***
또르띠따
n. fem. sg. (la)

팬 케이크
paen keikeu
pancake

**14. cereal**
쎄레알
n. masc. sg. (el)

씨리얼
ssirieol
cereal, cornflake

**15. galleta**
가예따
n. fem. sg. (la)

쿠키
kuki
cookie

**16. mantequilla**
만떼끼야
n. fem. sg. (la)

버터
beoteo
butter

**17** **mermelada**
메르멜라다
n. fem. sg. (la)

잼
jaem
jam

**18** **miel**
미엘
n. fem. sg. (la)

꿀
kkul
honey

**19** **yogur**
요구르
n. masc. sg. (el)

요구르트
yogureuteu
yogurt

**20** **nata**
나따
n. fem. sg. (la)

생크림
saengkeurim
cream

**21** **azúcar**
아쑤까르
n. amb. sg. (el, la)

설탕
seoltang
sugar

**22** **sal**
살
n. fem. sg. (la)

소금
sogeum
salt

**23** **pimienta**
삐미엔따
n. fem. sg. (la)

후추
huchu
pepper

**24** **sopa**
소빠
n. fem. sg. (la)

수프
sopeu
soup

La comida y los alimentos | 음식   **167**

| | | | |
|---|---|---|---|
| 25 |  | **ensalada**<br>엔살라다<br>n. fem. sg. (la) | 샐러드<br>saelleodeu<br>**salad** |
| 26 |  | **puré de patata**<br>푸레 데 빠따따<br>n. masc. sg. (el) | 으깬 감자<br>eukkaen gamja<br>**mashed potato** |
| 27 |  | **tortilla**<br>또르띠야<br>n. fem. sg. (la) | 오믈렛<br>omeullet<br>**omelette** |
| 28 |  | **arroz**<br>아로쓰<br>n. masc. sg. (el) | 밥<br>bap<br>**rice** |
| 29 |  | **espagueti\***<br>에스빠게띠<br>n. masc. sg. (el) | 스파게티<br>seupageti<br>**spaghetti** |
| 30 |  | **hamburguesa**<br>암부르게사<br>n. fem. sg. (la) | 햄버거<br>haembeogeo<br>**hamburger** |
| 31 |  | **pizza**<br>피짜<br>n. fem. sg. (la) | 피자<br>pija<br>**pizza** |
| 32 |  | **patata frita\***<br>빠따따 프리따<br>n. fem. sg. (la) | 감자튀김<br>gamjatwigim<br>**fried potato / fries / French fires** |

### postre
뽀스트레
n. masc. sg. (el)

### 디저트
dijeoteu
**dessert**

### helado
엘라도
n. masc. sg. (el)

### 아이스크림
aiseukeurim
**ice cream**

# TEMA 36

## La estación de tren
기차역

**estación de tren** 역 / 기차역
에스따시온  yeok / gichayeok
n. fem. sg. (la)  station / train station

| | | | | | |
|---|---|---|---|---|---|
| 1 | máquina de billetes | 표 판매기 | 6 | vagón | 열차 |
| 2 | andén* | 플랫폼 | 7 | tren de mercancías | 화물열차 |
| 3 | vía de tren* | 철로 | 8 | parachoques | 완충기 / 범퍼 |
| 4 | locomotora | 기관차 | 9 | señal | 신호 |
| 5 | tren* | 기차 | 10 | conductor de tren | 기관사 |
| | | | 11 | inspector de billetes* | 검표원 |

170  Tema 36

**① máquina de billetes**
마끼나 데 비예떼스
n. fem. sg. (la)

표 판매기
pyo panmaegi
ticket machine

**② andén***
안덴
n. masc. sg. (el)

플랫폼 / 승강장
peullaetpom / seunggangjang
platform

**③ vía de tren***
비아 델 뜨렌
n. fem. sg. (la)

철로
cheollo
railway track

**④ locomotora**
로꼬모또라
n. fem. sg. (la)

기관차
gigwancha
engine locomotive

**⑤ tren***
뜨렌
n. masc. sg. (el)

기차
gicha
train

**⑥ vagón**
바곤
n. masc. sg. (el)

열차
yeolcha
carriage

**⑦ tren de mercancías**
뜨렌 데 메르깐씨아스
n. masc. sg. (el)

화물열차
hwamuryeolcha
goods train

**⑧ parachoques**
빠라초께스
n. masc. sg. (el)

완충기 / 범퍼
wanchunggi / beompeo
buffer

**9**

### señal
세냘
n. fem. sg. (la)

신호
sinho
signal

**10**

### conductor de tren
꼰둑또르 데 뜨렌
n. masc. sg. (el)

기관사
gigwansa
train driver

**11**

### inspector de billetes*
인스빽또르 데 비예떼스
n. masc. sg. (el)

검표원
geompyowon
ticket inspector

# TEMA 37

## El aeropuerto*
공항

**aeropuerto** 공항
아에로뿌에르또 gonghang
n. masc. sg. (el) airport

### 1

**piloto**
삘로또
n. com. sg. (el, la)

비행사
bihaengsa
pilot

### 2

**asistente de vuelo**
아시스뗀떼 데 부엘로
n. com. sg. (el, la)

승무원
seungmuwon
flight attendant

### 3

**torre de control**
또레 데 꼰뜨롤
n. fem. sg. (la)

관제탑
gwanjetap
control tower

### 4

**pista***
삐스따
n. fem. sg. (la)

활주로
hwaljuro
runway

### 5
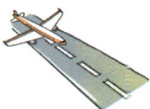
**azafata***
아싸빠따
n. fem. sg. (la)

여자승무원
yeojaseungmuwon
air hostess

### 6

**avión***
아비온
n. masc. sg. (el)

비행기
bihaenggi
(Br.) aeroplane / (AM.) airplane

### 7

**helicóptero**
엘리꼽떼로
n. masc. sg. (el)

헬리콥터
hellikopteo
helicopter

El aeropuerto | 공항  **173**

### terminal
떼르미날
n. fem. sg. (la)

터미널
teomineol
terminal

### mostrador de facturación
모스뜨라도르 데 팍뜨라씨온
n. masc. sg. (el)

수속 (안내) 데스크
susok (annae) desk
check-in desk

### control de aduana
꼰뜨롤 데 아두아나
n. masc. sg. (el)

세관수속
segwansusok
customs control

 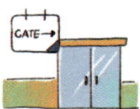
### puerta de embarque
뿌에르따 데 엠바르께
n. fem. sg. (la)

탑승 게이트
tapseung geiteu
boarding gate

### pasaporte
빠싸뽀르떼
n. masc. sg. (el)

여권
yeogwon
passport

### documento de identidad
도꾸멘또 데 이덴띠닫
n. masc. sg. (el)

신분증
sinbunjeung
identity document

### tarjeta de embarque
따르헤따 데 엠바르께
n. fem. sg. (la)

탑승티켓
tapseung tiket
boarding pass

**billete de avión\***
비예떼 데 아비온
n. masc. sg. (el)

비행기표
bihaenggipyo
flight ticket

 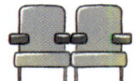

**asiento**
아시엔또
n. masc. sg. (el)

좌석
waseok
seat

**cinturón de seguridad**
씬뚜론 데 세구리닫
n. masc. sg. (el)

안전벨트
anjeon belteu
safety belt

**pasillo**
빠시요
n. masc. sg. (el)

복도
bokdo
aisle

**ventanilla**
벤따니야
n. fem. sg. (la)

창가
changga
(airplane) window

**turista**
뚜리스따
n. com. sg. (el, la)

관광객
gwangwanggaek
tourist

**pasajero\***
빠사헤로, -라
n. masc. sg. (el)

탑승객
tapseunggaek
passenger

**aerolínea\***
아에롤리네아
n. fem. sg. (la)

항공사
hanggongsa
airline

El aeropuerto | 공항   **175**

### agencia de viajes
아헨씨아 데 비아헤스
n. fem. sg. (la)

여행사
yeohaengsa
**travel agency**

### maleta*
말레따
n. fem. sg. (la)

캐리어 / 여행가방
kaerieo
**suitcase**

### mochila
모칠라
n. fem. sg. (la)

배낭
baenang
**backpack**

### equipaje
에끼파헤
n. masc. sg. (el)

짐
jim
**bajjage**

### cinta de equipaje*
씬타 데 에끼파헤
n. fem. sg. (la)

수하물 찾는 곳
suhamul channeun got
**baggage claim**

### maleta de ruedas*
말레따 데 루에다스
n. fem. sg. (la)

트렁크
teureongkeu
**roller suitcase / roller luggage**

# TEMA 38

## La estación de servicio
휴게소 / 주유소

**estación de servicio**
에스따씨온 데 세르비씨오
n. fem. sg. (la)

**휴게소**
hyugeso
service station

| | | | | | | |
|---|---|---|---|---|---|---|
| 1 | taller* | 자동차 정비소 | 7 | rueda | 바퀴 | |
| 2 | túnel de lavado | 세차/세차장 | 8 | neumático* | 타이어 | |
| 3 | maletero | (자동차)트렁크 | 9 | batería | 배터리 | |
| 4 | motor | 엔진 | 10 | aceite | 윤유 | |
| 5 | capó* | 보닛, 후드 | 11 | gasolina | 휘발유 | |
| 6 | faro | 전조등/헤드라이트 | | | | |
| | | | 12 | surtidor de gasolina | 급유펌프 | |
| | | | 13 | camión-grúa | 견인차, 레커차 |
| | | | 14 | camión cisterna* | 휘발유탱크차 |
| | | | 15 | garaje* | 차고 |

①
**taller\***
따예르
n. masc. sg. (el)

자동차 정비소
jadongcha jeonbiso
garage / car repair shop

②
**túnel de lavado**
뚜넬 데 라바도
n. masc. sg. (el)

세차 / 세차장
secha / sechajang
car wash

③
**maletero**
말레떼로
n. masc. sg. (el)

(자동차) 트렁크
teureongkeu
(Br.) **boot** / (AM.) **trunk**

④
**motor**
모또르
n. masc. sg. (el)

엔진
enjin
engine

⑤
**capó\***
까뽀
n. masc. sg. (el)

보닛 / 후드
bonit / hudeu
bonnet

⑥
**faro**
파로
n. masc. sg. (el)

전조등 / 헤드라이트
jeonjodeung / hedeuraiteu
headlight

⑦
**rueda**
루에다
n. fem. sg. (la)

바퀴
bakwi
wheel

⑧
**neumático\***
네우마띠꼬
n. masc. sg. (el)

타이어
taieo
(Br.) **tyre** / (AM.) **tire**

### batería
바떼리아
n. fem. sg. (la)

배터리
baeteori
battery

### aceite
아쎄이떼
n. masc. sg. (el)

원유
wonyu
oil

### gasolina
가솔리나
n. fem. sg. (la)

휘발유
hwibaryu
petrol

### surtidor de gasolina
수르띠도르 데 가솔리나
n. masc. sg. (el)

급유펌프
geubyupeompeu
petrol pump

### camión-grúa
까미온 그루아
n. masc. sg. (el)

견인차 / 레커차
gyeonincha / rekeocha
Br.) breakdown lorry
AM.) wrecker

### camión cisterna*
까미온 씨스떼르나
n. masc. sg. (el)

휘발유탱크차
hwibaryutaengkeucha
tanker / petrol tanker

### garaje*
가라헤
n. masc. sg. (el)

차고
chago
garage

# TEMA 39 El campo
시골

campo 깜뽀 n. masc. sg. (el) / 시골 sigol country side

| | | | | | | |
|---|---|---|---|---|---|---|
| 1 | montaña | 산 | 9 | cascada* | 폭포 | |
| 2 | colina | 언덕 | 10 | arroyo* | 시냇물 | |
| 3 | túnel | 터널 | 11 | barcaza | 화물선 | |
| 4 | roca | 바위 | 12 | pescador | 낚시꾼 | |
| 5 | piedra | 돌 | 13 | puente | 다리 | |
| 6 | bosque | 숲 | 14 | esclusa | 댐 | |
| 7 | tronco* | 통나무 | 15 | canal | 운하 | |
| 8 | río | 강 | 16 | carretera | 길 / 도로 | |

| 17 | indicación* | 표지판 |
| 18 | molino de viento | 풍차 |
| 19 | pueblo | 마을 |
| 20 | tienda de campaña* | 텐트 |

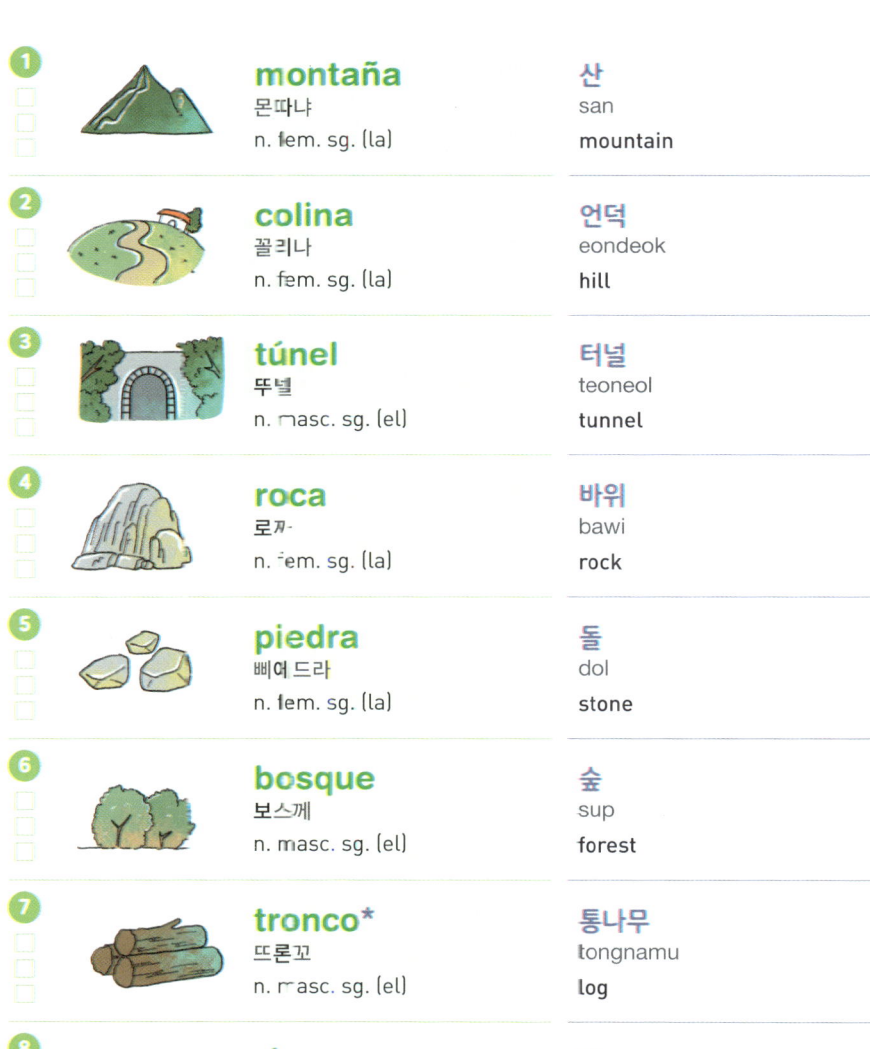

**cascada*** 가스까다
n. fem. sg. (la)

폭포
pokpo
waterfall

**arroyo*** 아로요
n. masc. sg. (el)

시냇물
sinaenmul
stream

**barcaza** 바르까싸
n. fem. sg. (la)

화물선
hwamulseon
barge

**pescador** 뻬스까도르
n. masc. sg. (el)

낚시꾼
naksikkun
fisherman

**puente** 뿌엔떼
n. masc. sg. (el)

다리
dari
bridge

**esclusa** 에스끌루사
n. fem. sg. (la)

댐
daem
lock (canal)

**canal** 까날
n. masc. sg. (el)

운하
unha
canal

**carretera** 까레떼라
n. fem. sg. (la)

길 / 도로
gil / doro
road

**17** **indicación\***
인디카씨온
n. fem. sg. (la)

표지판
pyojipan
signpost

**18** **molino de viento**
몰리노 데 비엔또
n. masc. sg. (el)

풍차
pungcha
windmill

**19** **pueblo**
뿌에블로
n. masc. sg. (el)

마을
maeul
village

**20** **tienda de campaña\***
띠엔다 데 깜빠냐
n. fem. sg. (la)

텐트
tenteu
tent

# TEMA 40

## La granja*
농장

*granja 그란하 n. fem. sg. (la) | 농장 nongjang farm

| 1 | establo | 마구간 / 축사 | 9 | madera | 목재 | 17 | barro* | 진흙 |
| 2 | cuadra | 외양간 | 10 | hacha | 도끼 | 18 | huerto* | 과수원 |
| 3 | pocilga | 돼지우리 | 11 | campo | 들판 | 19 | espantapájaros | 허수아비 |
| 4 | bala de paja | 짚 더미 | 12 | gallinero | 닭장 | 20 | cerca* | 울타리 |
| 5 | heno | 건초 | 13 | granero | 헛간 | 21 | carro de mano | 수레 |
| 6 | horca* | 쇠스랑 | 14 | pajar* | 짚 저장 헛간 | 22 | tractor | 트랙터 |
| 7 | pala | 삽 | 15 | almiar* | 건초더미 | 23 | arado | 쟁기 |
| 8 | barril | 통, 배럴 | 16 | estanque | 연못 | 24 | granjero* | 농장주 |

184 Tema 40

1.  **establo**
에스따블로
n. masc. sg. (el)

마구간
magugan
stable

2.  **cuadra**
꾸아드라
n. fem. sg. (la)

외양간
oeyang-gang
cowshed

3.  **pocilga**
뽀씰가
n. fem. sg. (la)

돼지우리
dwaejiuri
pigsty

4.  **bala de paja**
발라 데 빠하
n. fem. sg. (la)

짚 더미
jip deomi
straw bale

5.  **heno**
에노
n. masc. sg. (el)

건초
geoncho
hay

6.  **horca\***
오르까
n. fem. sg. (la)

쇠스랑
soeseurang
fork

7.  **pala**
빨라
n. fem. sg. (la)

삽
sap
(Br.) spade / (AM.) shovel

8.  **barril**
바릴
n. masc. sg. (el)

통 / 배럴
tong / baereol
barrel

La granja | 농장

**9**  **madera**
마데라
n. fem. sg. (la)

목재
mokjae
wood

**10**  **hacha**
아차
n. exc. fem. sg. (el)

도끼
dokki
axe

**11**  **campo**
깜뽀
n. masc. sg. (el)

들판
deulpan
field

**12**  **gallinero**
가이네로
n. masc. sg. (el)

닭장
dakjang
hen house

**13**  **granero**
그라네로
n. masc. sg. (el)

헛간
heotgan
barn

**14**  **pajar***
빠하르
n. masc. sg. (el)

짚 저장 헛간
jip jeojang heotgan
strawloft

**15**  **almiar***
알미아르
n. masc. sg. (el)

건초더미
geonchodeomi
haystack

**16** 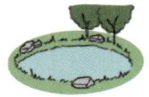 **estanque**
에스땅께
n. masc. sg. (el)

연못
yeonmot
pond

### barro*
바로
n. masc. sg. (el)

진흙
jinheuk
mud

### huerto*
우에르또
n. masc. sg. (el)

과수원
gwasuwon
orchard

### espantapájaros
에스빤따빠하로스
n. masc. sg. (el)

허수아비
heosuabi
scarecrow

### cerca de meno*
쎄르까/바야
n. fem. sg. (la)

울타리
ultari
fence

### carro
까로
n. masc. sg. (el)

수레
sure
cart

### tractor
뜨락또르
n. masc. sg. (el)

트랙터
teuraekteo
tractor

### arado
아라도
n. masc. sg. (el)

쟁기
jaenggi
plough

### granjero*
그란헤로
n. masc. sg. (el)

농장주
noungjaugju
farmer

La granja | 농장  **187**

# Los animales de granja
농장 동물

**estabio**
에스따블로
n. masc. sg. (el)

몸
magugau
stable

| 1 | perro pastor* | 양치기 개 | 8 | cordero | 새끼양 | 15 | ganso* | 거위 |
| 2 | caballo* | 말 | 9 | cabra | 염소 | 16 | pavo* | 칠면조 |
| 3 | burro* | 당나귀 | 10 | cerdo* | 돼지 | 17 | pato* | 오리 |
| 4 | toro | 황소 | 11 | cochinillo | 새끼돼지 | 18 | patito* | 새끼오리 |
| 5 | vaca | 소 | 12 | gallo | 수탉 | 19 | cisne | 백조 |
| 6 | ternero* | 송아지 | 13 | gallina | 암탉 | 20 | pastor* | 양치기 |
| 7 | oveja | 양 | 14 | polluelo* | 병아리 | | | |

**perro pastor\***
빼로 빠스또르
n. masc. sg. (el)

양치기 개
yangchigi Gae
sheepdog

**caballo\***
까바요
n. masc. sg. (el)

말
mal
horse

**burro\***
부로
n. masc. sg. (el)

당나귀
dangnagwi
donkey

**toro**
또로
n. masc. sg. (el)

황소
hwangso
bull

**vaca**
바까
n. fem. sg. (la)

소 / 암소
so
cow / amso

**ternero\***
떼르네로
n. masc. sg. (el)

송아지
songaji
calf

**oveja**
오베하
n. fem. sg. (la)

양
yang
sheep

**cordero**
꼬르데로
n. masc. sg. (el)

새끼양
saekkiyang
lambs

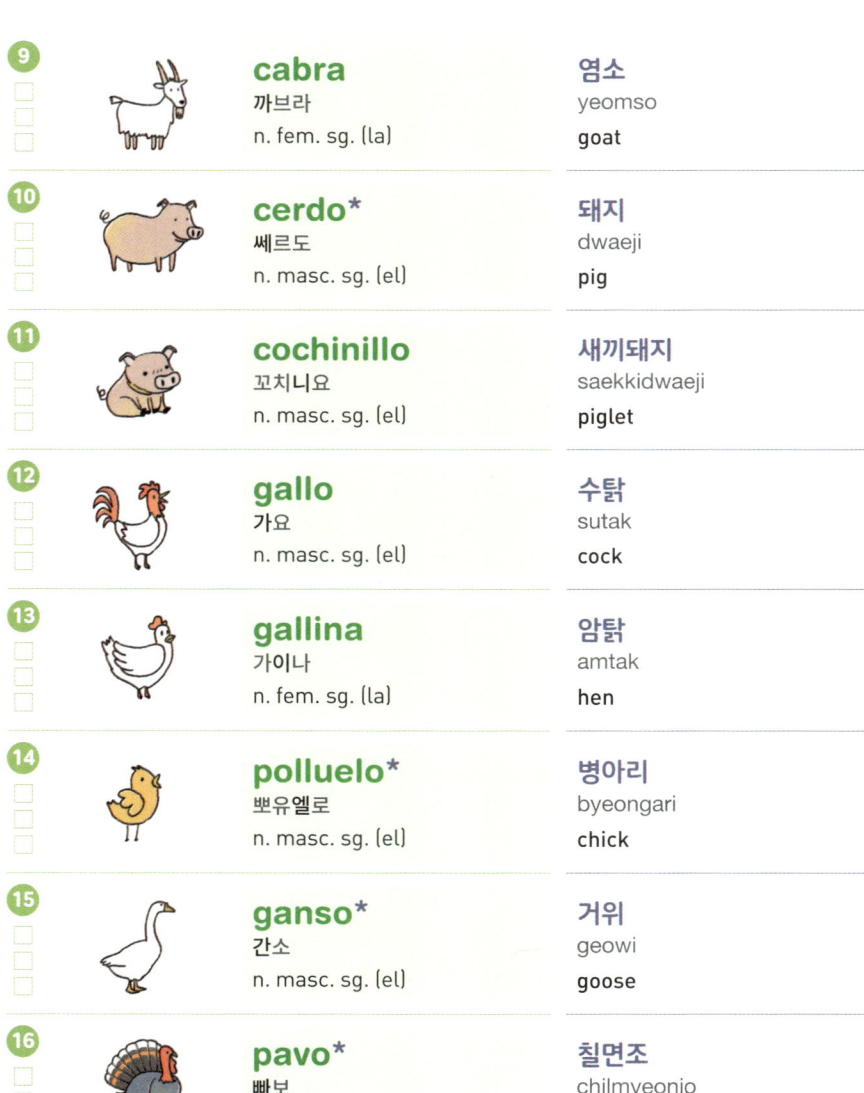

**9. cabra**
까브라
n. fem. sg. (la)

염소
yeomso
goat

**10. cerdo***
쎄르도
n. masc. sg. (el)

돼지
dwaeji
pig

**11. cochinillo**
꼬치니요
n. masc. sg. (el)

새끼돼지
saekkidwaeji
piglet

**12. gallo**
가요
n. masc. sg. (el)

수탉
sutak
cock

**13. gallina**
가이나
n. fem. sg. (la)

암탉
amtak
hen

**14. polluelo***
뽀유엘로
n. masc. sg. (el)

병아리
byeongari
chick

**15. ganso***
간소
n. masc. sg. (el)

거위
geowi
goose

**16. pavo***
빠보
n. masc. sg. (el)

칠면조
chilmyeonjo
turkey

**17. pato***
빠또
n. masc. sg. (el)

오리
ori
duck

**18. patito***
빠티또
n. masc. sg. (el)

새끼오리
saekkiori
duckling

**19. cisne**
씨쓰네
n. masc. sg. (el)

백조
baekjo
swan

**20. pastor***
빠스또르
n. masc. sg. (el)

양치기
yangchigi
shepherd

# TEMA 42 La costa
해변

**costa**
꼬스따
n. fem. sg. (la)

집 해변
haebyeon
coast

| # | Español | 한국어 |
|---|---|---|
| 1 | mar | 바다 |
| 2 | ola | 파도 |
| 3 | isla* | 섬 |
| 4 | acantilado | 절벽 |
| 5 | costa | 해변 |
| 6 | playa | 바닷가 |
| 7 | sombrilla de playa* | 파라솔 |
| 8 | tumbona* | 접이식 의자 |
| 9 | sombrero | (챙이 있는) 모자 |
| 10 | gafas de sol | 선글라스 |
| 11 | castillo de arena | 모래성 |
| 12 | arena | 모래 |
| 13 | cubo | 양동이 |
| 14 | pala de playa | 삽 |
| 15 | bañador* | 수영복 |
| 16 | flotador | 튜브 |
| 17 | tubo respirador | 수중호흡관 / 수관 |
| 18 | gafas de buceo | 물안경 |
| 19 | aleta | 오리발 |
| 20 | bandera | 깃발 |
| 21 | guijarro | 자갈 |
| 22 | alga marina | 해초 |
| 23 | faro | 등대 |
| 24 | maroma* | 밧줄 |
| 25 | barco de pesca* | 어선 |
| 26 | red | 그물 |
| 27 | barca de remos* | (노 저어 타는) 배 |
| 28 | remo | 노 |
| 29 | marinero* | 선원 |
| 30 | lancha a motor* | 모터보트 |
| 31 | yate* | 요트 |
| 32 | barco* | 배 |
| 33 | barco petrolero* | 유조선 |
| 34 | estrella de mar | 불가사리 |
| 35 | concha | 조개 |
| 36 | cangrejo | 게 |
| 37 | gaviota | 갈매기 |

**1** **mar**
마트
n. amb. sg. (el, la)

바다
bada
sea

**2** **ola**
올라
n. fem. sg. (la)

파도
pado
wav

**3** **isla\***
이슬라
n. fem. sg. (la)

섬
seom
island

**4** **acantilado**
아깐띨라도
n. masc. sg. (el)

절벽
jeolbyeok
cliff

**5** **costa**
꼬스따
n. fem. sg. (la)

해변
haebyeon
coast

**6** **playa**
쁠라-야
n. fem. sg. (la)

바닷가
badatga
beach

**7** **sombrilla de playa\***
솜브리야 데 쁠라야
n. fem. sg. (la)

파라솔
parasol
beach umbrella

**8** **tumbona\***
뚬보나
n. fem. sg. (la)

접이식 의자
jeobisik uija
deck chair

### sombrero

솜브레로
n. masc. sg. (el)

(챙이 있는) 모자
(chanengi inneun) moja
sun hat

### gafas de sol

가파스 데 솔
n. fem. pl. (las)

선글라스
seongeulaseu
sunglasses

### castillo de arena

가스띠요 데 아레나
n. masc. sg. (el)

모래성
moraeseong
sandcastle

### arena

아레나
n. fem. sg. (la)

모래
morae
sand

### cubo

꾸보
n. masc. sg. (el)

양동이
yangdongi
bucket

### pala de playa

빨라 데 쁠라야
n. fem. sg. (la)

삽
sap
spade

### bañador*

바냐도르
n. masc. sg. (el)

수영복
suyeongbok
swimsuit

### flotador

플로따도르
n. masc. sg. (el)

튜브
tyubeu
float

### tubo respirador*
뚜브 레스피라도르
n. masc. sg. (el)

수증호흡관 / 수관
sujeunghoheupgwan / sugwan
**breathing tube / snokel**

### gafas de buceo
가파스 데 부쎄오
n. fem. pl. (las)

수경
sukyeong
**diving goggles**

### aleta
알레따
n. fem. sg. (la)

오리발
oribal
**flipper**

### bandera
반데라
n. fem. sg. (la)

깃발
gitbal
**flag**

### guijarro
기하로
n. masc. sg. (el)

자갈
jagal
**pebble**

### alga marina
알가 마리나
n. exc. fem. sg. (el)

해초
haecho
**seaweed**

### faro
파로
n. masc. sg. (el)

등대
deungdae
**lighthouse**

### maroma*
마로마
n. fem. sg. (la)

밧줄
batjul
**rope**

La costa | 해변

### barco de pesca*
바르꼬 데 뻬스카
n. masc. sg. (el)

어선
eoseon
fishing boat

### red
렏
n. fem. sg. (la)

그물
geumul
net

### barca de remos*
바르까 데 레모스
n. fem. sg. (la)

(노 저어 타는) 배
(no jeoeo taneun) bae
rowing boat

### remo
레모
n. masc. sg. (el)

노
no
oar

### marinero*
마리네로
n. masc. sg. (el)

선원
seonwon
sailor

### lancha a motor*
란차 아 모또르
n. fem. sg. (la)

모터보트
moteoboteu
motorboat

### yate*
야떼
n. masc. sg. (el)

요트
yoteu
yacht / sailboat

### barco*
바르꼬
n. masc. sg. (el)

배
bae
ship

**barco petrolero\***
바르꼬 뻬뜨롤레로
n. masc. sg. (el)

유조선
yujoseon
oil tanker (ship)

**estrella de mar**
에스뜨레야 데 마르
n. fem. sg. (la)

불가사리
bulgasari
starfish

**concha**
꼰차
n. fem. sg. (la)

조개
jogae
shell

**cangrejo**
깡그레호
n. masc. sg. (el)

게
ge
crab

**gaviota**
가비오따
n. fem. sg. (la)

갈매기
galmaegi
seagull

La costa | 해변  **197**

# TEMA 43 La fiesta
파티

**fiesta** 파티
피에스따 pati
n. fem. sg. (la) party

| | | | | | |
|---|---|---|---|---|---|
| 1 | globo | 풍선 | 6 | regalo | 선물 |
| 2 | cadena de papel* | 색종이 장식 | 7 | tarjeta | 카드 |
| 3 | disfraz | 변장 옷 | 8 | pastel* | 케이크 |
| 4 | fuegos artificiales | 폭죽 | 9 | zumo de fruta* | 과일주스 |
| 5 | lazo | 리본 | 10 | pajita* | 빨대 |
| 11 | aperitivo* | 스낵 |
| 12 | bocadillo* | 샌드위치 |
| 13 | chocolate | 초콜릿 |
| 14 | caramelo* | 사탕 |
| 15 | vela* | 촛불 |

**1. globo**
글로보
n. masc. sg. (el)

풍선
pungseon
balloon

**2. cadena de papel***
까데나 데 빠뻴
n. fem. sg. (la)

색종이 장식
saekjongi jangsik
paper chains, chain

**3. disfraz**
디스프라쓰
n. masc. sg. (el)

변장 옷
byeonjang ot
costume

**4. fuegos artificiales**
푸에고스 아르띠피씨알레스
n. masc. pl. (los)

폭죽
pokjuk
fireworks

**5. lazo**
라쏘
n. masc. sg. (el)

리본
ribon
ribbon

**6. regalo**
레갈로
n. masc. sg. (el)

선물
seonmul
present

**7. tarjeta**
따르헤따
n. fem. sg. (la)

카드
kadeu
card

**8. pastel***
빠스뗄
n. masc. sg. (el)

케이크
keikeu
cake

La fiesta | 파티  **199**

### zumo de fruta*
쑤모 데 프루따
n. masc. sg. (el)

과일주스
gwailjuseu
fruit juice

### pajita*
빠히따
n. fem. sg. (la)

빨대
ppaldae
straw

### aperitivo*
아빼리띠보
n. masc. sg. (el)

스낵
seunaek
snack

### bocadillo*
보까디요
n. masc. sg. (el)

샌드위치
saendeuwichi
sandwich

### chocolate
초꼴라떼
n. masc. sg. (el)

초콜릿
chokollit
chocolate

### caramelo*
까라멜로
n. masc. sg. (el)

사탕
satang
sweet

### vela*
벨라
n. fem. sg. (la)

촛불
chotbul
candle

# TEMA 44

# El deporte y el ejercicio físico
## 스포츠와 운동

**deporte** 스포츠
데뽀르떼 seupocheu
n. masc. sg. (el) sport

### 1. ejercicio físico
에헤르씨씨오 피시꼬
n. masc. sg. (el)

운동
undong
exercise

### 2. yoga
요가
n. masc. sg. (el)

요가
yoga
yoga

### 3. baloncesto
발론쎄스또
n. masc. sg. (el)

농구
nonggu
basketball

### 4. remo
레모
n. masc. sg. (el)

노 젓기(조정)
no jeotgi (jojeong)
rowing

### 5. canoa
까노아
n. fem. sg. (la)

카누
kanu
canoe

### 6. pala de remar
빨라 데 레마르
n. fem. sg. (la)

양방향 노
yangbanghyang no
paddle

### 7. vela
벨라
n. fem. sg. (la)

항해
hanghae
sailing

El deporte y el ejercicio físico | 스포츠와 운동   **201**

**surf**
수르프
n. masc. sg. (el)

서핑
seoping
surfing

**windsurf**
윈드수르프
n. masc. sg. (el)

윈드서핑
windeuseoping
windsurfing

**esquí acuático**
에스끼 아꾸아띠꼬
n. masc. sg. (el)

수상스키
susangseuki
water-skiing

**snowboard**
스노우보드
n. masc. sg. (el)

스노우보드
seunoubodeu
snowboarding

**tenis**
떼니스
n. masc. sg. (el)

테니스
teniseu
tennis

**raqueta**
라께따
n. fem. sg. (la)

라켓
raket
racket

**fútbol americano**
풋볼 아메리까노
n. masc. sg. (el)

미식축구
misikchukgu
American football

**críquet**
크리켓
n. masc. sg. (el)

크리켓
keuriket
cricket

Tema 44

### 16
**kárate*** 
카라떼  
n. masc. sg. (el)

가라데  
garate  
karate

### 17
**pesca**  
빼스까  
n. fem. sg. (la)

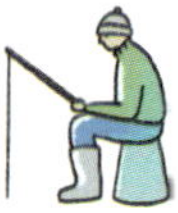

낚시  
naksi  
fishing

### 18
**caña de pescar**  
까냐 데 빼스까르  
n. fem. sg. (la)

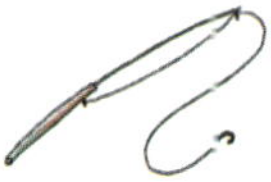

낚싯대  
naksitdae  
fishing rod

### 19
**cebo**  
쎄보  
n. masc. sg. (el)

미끼  
mikki  
bait

### 20
**rugby**  
룩비  
n. masc. sg. (el)

럭비  
reokbi  
rugby

### 21
**danza**  
단싸  
n. fem. sg. (la)

춤  
chum  
dance

### 22
**béisbol**  
베이스볼  
n. masc. sg. (el)

야구  
yagu  
baseball

### 23
**bate**  
바떼  
n. masc. sg. (el)

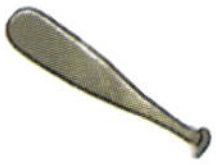

야구방망이  
yagubangmangi  
bat

El deporte y el ejercicio físico | 스포츠와 운동

### 24. pelota
뻴로따
n. fem. sg. (la)

공
gong
ball

### 25. natación
나따씨온
n. fem. sg. (la)

수영
suyeong
swimming

### 26. salto (de trampolín)
살또(데 뜨람뽈린)
n. masc. sg. (el)

다이빙
daibing
diving

### 27. piscina
삐씨나
n. fem. sg. (la)

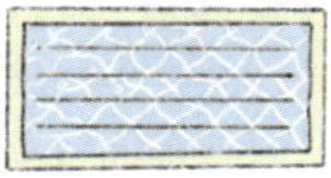

수영장
suyeongjang
swimming pool

### 28. carrera
까레라
n. fem. sg. (la)

경주
gyeongju
race

### 29. arquería*
아르께리아
n. fem. sg. (la)

양궁
yanggung
archery

### 30. diana
디아나
n. fem. sg. (la)

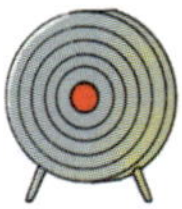

과녁
gwanyeok
target

### 31. ala delta
알라 델따
n. exc. fem. sg. (el)

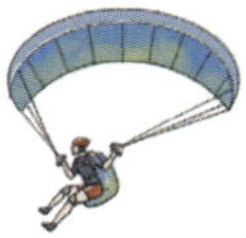

행글라이딩
haenggeullaiding
hang-gliding

### 32. judo*
유도
n. masc. sg. (el)

유도
yudo
judo

### 33. jogging*
조깅
n. masc. sg. (el)

조깅
joging
jogging

### 34. ciclismo
씨끌리스모
n. masc. sg. (el)

사이클링
saikeulling
cycling

### 35. escalada
에스깔라다
n. fem. sg. (la)

등반
deungban
climbing

### 36. casco
까스꼬
n. masc. sg. (el)

헬멧
helmet
helmet

### 37. bádminton
바드민똔
n. masc. sg. (el)

배드민턴
baedeuminteon
badminton

### 38. fútbol*
풋볼
n. masc. sg. (el)

축구
chukgu
football

### 39. equitación*
에끼따씨온
n. fem. sg. (la)

승마
seungma
riding

### caballo
까바요
n. masc. sg. (el)

말
mal
horse

### poni
뽀니
n. masc. sg. (el)

조랑말
jorangmal
pony

### silla de montar
시야 데 몬따르
n. fem. sg. (la)

안장
anjang
saddle

### tenis de mesa*
떼니스 데 메사
n. masc. sg. (el)

탁구
takgu
table tennis

### patinaje sobre hielo
빠띠나헤 소브레 이엘로
n. masc. sg. (el)

아이스 스케이팅
aiseu seukeiting
ice-skating

### patín de hielo
빠띤 데 이엘로
n. masc. sg. (el)

아이스 스케이트
aiseu seukeiteu
ice skate

### esquí
에스끼
n. masc. sg. (el)

(스포츠) 스키
(seupocheu) seuki
skiing

### esquí
에스끼
n. masc. sg. (el)

(장비) 스키
(jangbi) seuki
ski

### palo de esquí
빨로 데 에스끼
n. masc. sg. (el)

스키 폴
seuki pol
**ski pole**

### telesquí*
텔레스끼
n. masc. sg. (el)

(스키용)리프트
(seukiyong) ripeuteu
Br.) **chairlift** / (AM.) **ski lift**

### luchador de sumo
루치도르 데 수모
n. masc. sg. (el)

스모 레슬러(씨름)
seumo reseuleo (ssireum)
**sumo wrestler**

### vestuario
베스뚜아리오
n. masc. sg. (el)

탈의실
taruisil
**changing room**

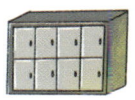
### taquilla
따끼야
n. fem. sg. (la)

개인 물품 보관함
gaein mulpum bogwanham
**locker**

El deporte y el ejercicio físico | 스포츠와 운동 **207**

# TEMA 45

## Los juguetería
장난감 가게

**juguete** 후게떼 n. masc. sg. (el) / **장난감** jangnangam toy

| | | | | |
|---|---|---|---|---|
| 1 | oso de peluche | 곰인형 | 12 | plastilina* | 찰흙 | 22 | coche de carreras | 경주용 자동차 |
| 2 | tren de juguete* | (장난감) 기차세트 | 13 | soldado | 병정 | 23 | máscara | 가면 |
| 3 | balón* | 공 | 14 | submarino | 잠수함 | 24 | rompecabezas* | 퍼즐 |
| 4 | dado | 주사위 | 15 | velero* | 범선 | 25 | paracaídas | 낙하산 |
| 5 | robot | 로봇 | 16 | arco | 활 | 26 | cometa | 연 |
| 6 | cuenta | 비즈 / 유리구슬 | 17 | flecha | 화살 | 27 | cordel* | 실, 끈, 줄 |
| 7 | marioneta | 꼭두각시 인형 | 18 | arma | 총 | 28 | comba* | 줄넘기 |
| 8 | muñeca | 인형 | 19 | canica | 구슬 | 29 | monopatín | 스케이트보드 |
| 9 | casa de muñecas | 인형 집 | 20 | hucha | 저금통 | 30 | patín de ruedas* | 롤러 스케이트 |
| 10 | silbato* | 호루라기 | 21 | caballito de balancín* | 흔들목마 | 31 | triciclo | 세발자전거 |
| 11 | bloque | 벽돌 | | | | | | |

①  **oso de peluche**
오소 데 뻴루체
n. masc. sg. (el)

곰인형
gominhyeong
teddy bear

②  **tren de juguete***
뜨렌 데 후게떼
n. masc. sg. (el)

(장난감) 기차세트
(jangnangam) gichaseteu
train set

③  **balón***
발론
n. masc. sg. (el)

공
gong
ball

④  **dado**
다도
n. masc. sg. (el)

주사위
jusawi
die

⑤  **robot**
로봇
n. masc. sg. (el)

로봇
robot
robot

⑥  **cuenta**
꾸엔따
n. fem. sg. (la)

유리구슬
yuriguseul
bead

⑦  **marioneta**
마리오네따
n. fem. sg. (la)

꼭두각시 인형
kkokdugaksi inhyeong
puppet

⑧  **muñeca**
무녜가
n. fem. sg. (la)

인형
inhyeong
doll

Los juguetería | 장난감 가게

**casa de muñecas**
까사 데 무녜까스
n. fem. sg. (la)

인형 집
inhyeong jip
doll's house

**silbato***
실바또
n. masc. sg. (el)

호루라기
horuragi
whistle

**bloque**
블로께
n. masc. sg. (el)

벽돌
byeokdol
block

**plastilina***
쁠라스띨리나
n. fem. sg. (la)

찰흙
chalheuk
plasticine

**soldado**
솔다도
n. masc. sg. (el)

병정
byeongjeong
soldier

**submarino**
숩마리노
n. masc. sg. (el)

잠수함
jamsuham
submarine

**velero***
벨레로
n. masc. sg. (el)

범선
beomseon
sailboat

**arco**
아르꼬
n. masc. sg. (el)

활
hwal
bow

**flecha**
플레차
n. fem. sg. (la)

화살
hwasal
arrow

**pistola**
피스톨라
n. fem. sg. (la)

총 / 권총
chong / gwonchung
pistol

**canica**
까니까
n. fem. sg. (la)

구슬
guseul
marble

**hucha**
우차
n. fem. sg. (la)

저금통
jeogeumtong
money box

**caballito de balancín***
까바이또 데 발란씬
n. masc. sg. (el)

흔들목마
heundeulmongma
rocking horse

**coche de carreras**
꼬체 데 까레라스
n. masc. sg. (el)

경주용 자동차
gyeongjuyong jadongcha
racing car

**máscara**
마스까라
n. fem. sg. (la)

가면
gamyeon
mask

**rompecabezas***
롬뻬까베싸스
n. masc. sg. (el)

퍼즐
peojeul
jigsaw / puzzle

Los juguetería | 장난감 가게  **211**

**paracaídas**
빠라까이다스
n. masc. sg. (el)

낙하산
nakhasan
parachute

**cometa**
꼬메따
n. fem. sg. (la)

연
yearn
kite

**cordel\***
꼬르델
n. masc. sg. (el)

실 / 끈 / 줄
sil / kkeun / jul
string

**comba\***
꼼바
n. fem. sg. (la)

줄넘기
julleomgi
(Br.) skip rope / (AM.) jupe rope

**monopatín**
모노빠띤
n. masc. sg. (el)

스케이트보드
seukeiteubodeu
skateboard

**patín de ruedas\***
빠띠네스 데 루에다스
n. masc. sg. (el)

롤러 스케이트
rolleo skate
roller skate

**triciclo**
뜨리씨끌로
n. masc. sg. (el)

세발자전거
sebaljajeongeo
tricycle

# Los instrumentos musicales
악기

**instrumento** 악기
인스트루멘토 aggi
n. masc. sg. (el) instrument

| 1 | flauta* | 리코더 | 6 | armónica | 하모니카 | 11 | flauta travesera | 플루트 |
| 2 | tambor | 북 | 7 | violín | 바이올린 | 12 | xilófono* | 실로폰 |
| 3 | guitarra | 기타 | 8 | saxófono* | 색소폰 | 13 | arpa | 하프 |
| 4 | trompeta | 트럼펫 | 9 | chelo* | 첼로 | | | |
| 5 | piano | 피아노 | 10 | batería | 드럼 | | | |

Los instrumentos musicales | 악기  213

**1**  **flauta\***
플라우따
n. fem. sg. (la)

리코더
rikodeo
**recorder (instr.)**

**2**  **tambor**
땀보르
n. masc. sg. (el)

북
buk
**drum**

**3**  **guitarra**
기따라
n. fem. sg. (la)

기타
gita
**guitar**

**4**  **trompeta**
뜨롬뻬따
n. fem. sg. (la)

트럼펫
teureompet
**trumpet**

**5** 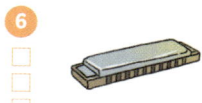 **piano**
삐아노
n. masc. sg. (el)

피아노
piano
**piano**

**6**  **armónica**
아르모니까
n. fem. sg. (la)

하모니카
hamonika
**harmonica**

**7**  **violín**
비올린
n. masc. sg. (el)

바이올린
baiolin
**violin**

**8** **saxófono\***
삭소포노
n. masc. sg. (el)

색소폰
saeksopon
**saxophone**

 **chelo\***
첼로
n. masc. sg. (el)

첼로
chello
**cello**

  **batería**
바떼리아
n. fem. sg. (la)

드럼
deureom
**drums / drum set**

  **flauta travesera**
쁠라우따 뜨라베세라
n. fem. sg. (la)

플루트
peulluteu
**flute**

  **xilófono\***
실로포노
n. masc. sg. (el)

실로폰
sillopon
**xylophone**

  **arpa**
실로포노
n. exc. fem. sg. (el)

하프
hapeu
**harp**

Los instrumentos musicales | 악기   **215**

Dibujo general y lista

TEMA 47

# El parque de atracciones*
## 놀이공원

**parque de atracciones** 놀이공원
빠르케 데 아뜨락씨오네스 noligongwon
n. masc. sg. (el) amusement park

**1**
### noria
노리아
n. fem. sg. (la)

관람차
gwallamcha
big wheel

**2**
### tiovivo*
띠오비보
n. masc. sg. (el)

회전목마
hoejeonmongma
roundabout

**3**
### tobogán
또보간
n. masc. sg. (el)

미끄럼틀
mikkeureomteul
spiral slide

**4**
### cama elástica
카마 에라스티카
n. fem. sg. (la)

트램펄린
teuraempeollin
trampoline

**5**
### lanzamiento de aro
란사미엔또 데 아로
n. masc. sg. (el)

고리던지기
gorideonjigi
hoopla

**6**
### tren fantasma
뜨렌 판따스마
n. masc. sg. (el)

유령열차
yuryeong yeolcha
ghost train

**7**
### palomita*
빨로미따
n. fem. sg. (la)

팝콘
papkon
popcorn

**montaña rusa**
몬따냐 루사
n. fem. sg. (la)

rolleokoseuteo
roller coaster

  **tiro con rifle**
띠로 꼰 리플레
n. masc. sg. (el)

사격
sagyeok
rifle range

  **autochoque***
아우또초께
n. masc. sg. (el)

범퍼카
beompeoka
dodgem / (AM.) bumper car

  **algodón de azúcar**
알고돈 데 아수까르
n. masc. sg. (el)

솜사탕
somsatang
candy floss / (AM.) cotton candy

  **tienda de juguetes***
띠엔다 데 후게떼스
n. fem. sg. (la)

장난감 가게
jangnangam gage
toy shop

   **castillo**
가스띠요
n. masc. sg. (el)

성
seong
castle

# TEMA 48

## El circo*
서커스

Dibujo general y lista

*circo
씨르꼬
n. masc. sg. (el) 서커스
seokeoseu
circus

**monociclista**
모노씨끌리스타
n. com. sg. (el, la)

외발 자전거 타는 사람
oebal jajeongeo taneun saram
unicyclist

**acróbata**
아끄로바따
n. com. sg. (el, la)

곡예사
gogyesa
acrobat

**trapecista**
뜨라뻬시스따
n. com. sg. (el, la)

공중 곡예사
gongjung gogyesa
trapeze artist

**trapecio**
뜨라뻬시오
n. masc. sg. (el)

(서커스용) 공중그네
(seokeoseuyoung) gongjunggeune
trapeze

**equilibrista**
에낄리브리스따
n. com. sg. (el, la)

줄타기 곡예사
jultagi gogyesa
tightrope walker

**cuerda floja**
꾸에르다 플로하
n. fem. sg. (la)

줄
jul
tightrope

**pértiga***
뻬르띠가
n. fem. sg. (la)

장대
jangdae
pole

### escala de cuerda
에스깔라 데 꾸에르다
n. fem. sg. (la)

줄사다리
julsadari
rope ladder

### red de seguridad
렏 데 세구리닫
n. fem. sg. (la)

안전 그물망
anjeon geumulmang
safety net

### malabarista
말라바리스따
n. com. sg. (el, la)

저글링 하는 사람
jeogeulling haneun saram
juggler

### domador*
도마도르
n. masc. sg. (el)

조련사
joryeonsa
ring master / tamer

### aro
아로
n. masc. sg. (el)

(서커스용) 굴렁쇠
(seokeoseuyong) gulleongsoe
hoop

### can*
칸
n. masc. sg. (el)

서커스 개
seokeoseu gae
circus dog

### mago*
마고
n. masc. sg. (el)

마술사
masulsa
magician

### conejo enano*
꼬네호 에나노
n. masc. sg. (el)

토끼
tokki
dwarf rabbit

| | | |
|---|---|---|
| 16  | **chistera*** <br> 치스떼라 <br> n. fem. sg. (la) | 실크 모자 <br> silkeu moja <br> top hat |
| 17  | **banda*** <br> 반다 <br> n. fem. sg. (la) | 악단 <br> akdan <br> band |
| 18  | **jinete sin silla** <br> 히네떼 신 시야 <br> n. com. sg. (el, la) | 안장 없이 말 타는 사람 <br> anjang eopsi mal taneun saram <br> bareback rider |
| 19  | **payaso*** <br> 빠야소 <br> n. masc. sg. (el) | 광대 <br> gwangdae <br> clown |
| 20  | **pajarita*** <br> 빠하리따 <br> n. fem. sg. (la) | 나비넥타이 <br> nabinektai <br> bow tie |

# 기본 어휘

**Vocabulario baásico**

# 기본 어휘 1

# Los números
## 숫자

**número**
누메로
n. masc. sg. (el)

수
su
number

**siete**
시에떼
n. masc. sg. (el)

일곱
ilgop
seven

**uno**
우노
n. masc. sg. (el)

하나
hana
one

**ocho**
오초
n. masc. sg. (el)

여덟
yeodeol
eight

**dos**
도스
n. masc. sg. (el)

둘
dul
two

**nueve**
누에베
n. masc. sg. (el)

아홉
ahop
nine

**tres**
뜨레스
n. masc. sg. (el)

셋
set
three

**diez**
디에스
n. masc. sg. (el)

열
yeol
ten

**cuatro**
꾸아뜨로
n. masc. sg. (el)

넷
net
four

**once**
온쎄
n. masc. sg. (el)

열하나
yeolhana
eleven

**cinco**
씬꼬
n. masc. sg. (el)

다섯
daseot
five

**doce**
도쎄
n. masc. sg. (el)

열둘
yeoldul
twelve

**seis**
세이스
n. masc. sg. (el)

여섯
yeoseot
six

**trece**
뜨레쎄
n. masc. sg. (el)

열셋
yeolset
thirteen

**catorce**
까또르쎄
n. masc. sg. (el)

열넷
yeollet
fourteen

**quince**
낀쎄
n. masc. sg. (el)

열다섯
yeoldaseot
fifteen

**dieciséis**
디에씨세이스
n. masc. sg. (el)

열여섯
yeoryeoseot
sixteen

**diecisiete**
디에씨시에떼
n. masc. sg. (el)

열일곱
yeorilgop
seventeen

**dieciocho**
디에씨오초
n. masc. sg. (el)

열여덟
yeoryeodeol
eighteen

**diecinueve**
디에씨누에베
n. masc. sg. (el)

열아홉
yeorahop
nineteen

**veinte**
베인떼
n. masc. sg. (el)

스물
seumul
twenty

Los números | 숫자

## 기본 어휘 2

# Los colores
### 색(깔)

**color**
컬러(르)
n. masc. sg. (el)

색(깔)
saek (kkal)
colour / color

---

**marrón**
마론
adj. sg. / n. masc. sg. (el)

갈색
galsaek
brown

---

**púrpura\***
뿌루
adj. sg. / n. masc. sg. (el)

보라
bora
purple

---

**blanco\***
블랑꼬
adj. sg. / n. masc. sg. (el)

흰색
huinsaek
white

---

**negro\***
네그로
adj. sg. / n. masc. sg. (el)

검정
geomjeong
black

---

**azul**
아쑬
adj. sg. / n. masc. sg. (el)

파랑
parang
blue

---

**rosa**
로사
adj. sg. / n. masc. sg. (el)

분홍
bunhong
pink

### gris
그리스
adj. sg. / n. masc. sg. (el)

회색
hoesaek
grey

### verde
베르데
adj. sg. / n. masc. sg. (el)

초록
chorok
green

### rojo*
로호
adj. sg. / n. masc. sg. (el)

빨강
ppalgang
red

### amarillo*
아마리요
adj. sg. / n. masc. sg. (el)

노랑
norang
yellow

### dorado*
도라도
adj. sg. / n. masc. sg. (el)

금
geum
golden color

### plateado*
플라테아도
adj. sg. / n. masc. sg. (el)

은
eun
silver color

### naranja
나랑하
adj. sg. / n. masc. sg. (el)

주황
juhwang
orange

## 기본 어휘 3

# Las formas
## 모양

**forma**
포르마
n. fem. sg. (la)

모양
moyang
shape

**rombo**
롬보
n. masc. sg. (el)

마름모
mareummo
rhombus

**elipse***
엘립세
n. fem. sg. (la)

타원
tawon
ellipse

**cono**
꼬노
n. masc. sg. (el)

원뿔
wonppul
cone

**triángulo**
뜨리앙굴로
n. masc. sg. (el)

삼각형
samgakyeong
triangle

**rectángulo**
렉땅굴로
n. masc. sg. (el)

직사각형
jiksagakyeong
rectangle

**estrella**
에스뜨레야
n. fem. sg. (la)

별
byeol
star

**cuadrado**
꾸아드라도
n. masc. sg. (el)

정사각형
jeongsagakyeong
square

### círculo
씨르꿀로
n. masc. sg. (el)

원
won
circle

### cubo
꾸보
n. masc. sg. (el)

정육면체
jeongyungmyeonche
cube

### media luna*
메디디 루나
n. fem. sg. (la)

초승달
choseungdal
crescent

### corazón
코라쏜
n. masc. sg. (el)

하트
hateu
heart

### cruz
크루즈
n. fem. sg. (la)

십자형
sibjahyeong
circle

### pentágono
뻰타고노
n. masc. sg. (el)

오각형
ogakyeong
pentagon

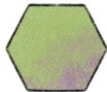
### hexágono
엑싸고노
n. masc. sg. (el)

육각형
yugakyeong
hexagon

Las formas | 모양   227

## Los días y las partes del día
일주일과 하루

**día**
디아
n. masc. sg. (el)

일
il
day

**lunes**
루네스
n. masc. sg. (el)

월요일
woryoil
Monday

**martes**
마르떼스
n. masc. sg. (el)

화요일
hwayoil
Tuesday

**miércoles**
미에르꼴레스
n. masc. sg. (el)

수요일
suyoil
Wednesday

**jueves**
후에베스
n. masc. sg. (el)

목요일
mogyoil
Thursday

**viernes**
비에르네스
n. masc. sg. (el)

금요일
geumnyoil
Friday

**sábado**
사바도
n. masc. sg. (el)

토요일
toyoil
Saturday

**domingo**
도밍고
n. masc. sg. (el)

일요일
iryoil
Sunday

**calendario**
깔렌다리오
n. masc. sg. (el)

달력
dallyeok
calendar

**mañana**
마냐나
n. fem. sg. (la)

아침
achim
morning

**tarde**
따르데
n. fem. sg. (la)

저녁
jeonyeok
evening

**noche**
노체
n. fem. sg. (la)

밤
bam
night

**madrugada**
마드루가다
n. fem. sg. (la)

새벽
saebyeok
dawn

**mediodía**
메디오디아
n. masc. sg. (el)

정오
jeongo
midday

**medianoche**
메디아노체
n. fem. sg. (la)

자정
jajeong
midnight

**fin de semana**
핀 떼 세마나
n. masc. sg. (el)

주말
jumal
weekend

## 기본 어휘 5

# Los meses del año
## 올해의 달

**mes**
메스28mm
n. masc. sg. (el)

달
dal
month

**junio**
후니오
n. masc. sg. (el)

6월 / 유월
yuwol
June

**año**
아뇨
n. masc. sg. (el)

해 / 년
hae / nyeon
year

**julio**
훌리오
n. masc. sg. (el)

7월 / 칠월
chirwol
July

**enero**
에네로
n. masc. sg. (el)

1월 / 일월
irwol
January

**agosto**
아고스또
n. masc. sg. (el)

8월 / 팔월
parwol
August

**febrero**
페브레로
n. masc. sg. (el)

2월 / 이월
iwol
February

**septiembre**
쎕띠엠브레
n. masc. sg. (el)

9월 / 구월
guwol
September

**marzo**
마르쏘
n. masc. sg. (el)

3월 / 삼월
samwol
March

**octubre**
옥뚜브레
n. masc. sg. (el)

10월 / 시월
shiwol
October

**abril**
아브릴
n. masc. sg. (el)

4월 / 사월
sawol
April

**noviembre**
노비엠브레
n. masc. sg. (el)

11월 / 십일월
shibirwol
November

**mayo**
마요
n. masc. sg. (el)

5월 / 오월
owo
May

**diciembre**
디씨엠브레
n. masc. sg. (el)

12월 / 십이월
shibiwol
December

## 기본 어휘 6
## Los días especiales
**특별한 날**

### cumpleaños
쿰플레아뇨스
n. masc. sg. (el)

생일
saengil
**birthday**

### regalo*
레갈로
n. masc. sg. (el)

선물
seonmul
**present**

### vela*
벨라
n. fem. sg. (la)

촛불
chotbul
**candle**

### pastel de cumpleaños
파스텔 데 쿰플레아뇨스
n. masc. sg. (el)

생일 케이크
saengil keikeu
**birthday cake**

### tarjeta de cumpleaños
타르헤타 데 쿰플레아뇨스
n. fem. sg. (la)

생일축하 카드
saengilchuka kadeu
**birthday card**

### vacaciones
바카씨오네스
n. fem. pl. (las)

휴일
hyuil
**holidays** / (AM.) **vacation**

### día de boda
디아 데 보다
n. masc. sg. (el)

결혼식 날
gyeolhonsing nal
**Wedding day**

230 기본 어휘

**novia**
노비아
n. fem. sg. (la)

**novio**
노비오
n. masc. sg. (el)

**fotógrafo***
포토그라포
n. masc. sg. (el)

**cámara**
까마라
n. fem. sg. (la)

**día de Navidad**
디아 데 나비다드
n. masc. sg. (el)

**Papá Noel***
파파 노엘
n. masc. sg. (el)

**trineo**
트리네오
n. masc. sg. (el)

신부
sinbu
bride

신랑
sillang
groom

사진사
sajinsa
photographer

카메라
kamera
camera

성탄절
seongtanjeol
Christmas day

산타 클로스
Santa Keulloseu
Santa Claus

썰매
sseolmae
sled

Los días especiales | 특별한 날

기본 어휘 7

# Las estaciones (del año)
## 사계절

*estación (del año)* 사계절
에스따씨온 (델 아뇨)   sagyejeol
n. fem. sg. (la)   season

**primavera**
쁘리마베라
n. fem. sg. (la)

봄
bom
spring

**verano***
베라노
n. masc. sg. (el)

여름
yeoreum
summer

**otoño**
오또뇨
n. masc. sg. (el)

가을
gaeul
(Br.) autumn / (AM.) fall

**invierno**
인비에르노
n. masc. sg. (el)

겨울
gyeoul
winter

## 기본 어휘 8

# El tiempo y el clima
## 날씨

**clima**
끌리마
n. masc. sg. (el)

**날씨**
nalssi
weather

**lluvia**
유비아
n. fem. sg. (la)

비
bi
rain

**rayo\***
라요
n. masc. sg. (el)

번개
beongae
lightning

**niebla**
니에블라
n. fem. sg. (la)

안개
angae
fog

**Sol**
솔
n. masc. sg. (el)

해
hae
sun

**cielo**
씨엘로
n. masc. sg. (el)

하늘
haneul
sky

**nube**
누베
n. fem. sg. (la)

구름
gureum
cloud

**nieve**
니에베
n. fem. sg. (la)

눈
nun
snow

**rocío**
로씨오
n. masc. sg. (el)

이슬
iseul
dew

**viento**
비엔또
n. masc. sg. (el)

바람
baram
wind

**neblina\***
네블리나
n. fem. sg. (la)

엷은 안개
yeolbeun angae
mist

**escarcha**
에스까르차
n. fem. sg. (la)

서리
seori
frost

**arcoíris\***
아르꼬이리스
n. masc. sg. (el)

무지개
mujigae
rainbow

**Luna**
루나
n. fem. sg. (la)

달
dal
Moon

## Equivalencias

### TEMA 01

(el) cabello – (el) pelo
(la) barbilla – (el) mentón
(la) barriga – (el) vientre – (la) panza – (el) abdomen
(el) pecho – (el) tórax – (el) torso
(el) culo – (el) trasero – (los) glúteos - las nalgas
(el) pulgar – (el) dedo gordo

### TEMA 02

(la) esposa – (la) mujer
(el) esposo – (el) marido

### TEMA 03

(el) apartamento – (el) piso
(la) mansión – (la) villa

### TEMA 04

(la) sala de estar – (el) salón
(el) televisor – (la) televisión
(el) cuadro – (la) pintura
(la) fotografía – (la) foto
(la) cinta de casete – (la) cinta magnetofónica
(el) vídeo – (el) reproductor de vídeo
(la) radio – (el) radiorreceptor – (el) radio

### TEMA 05

(el) cuarto de baño – (el) baño
(el) inodoro – (el) váter
(el) servicio – (el) lavabo – (el) aseo

### TEMA 06

(el) dormitorio – (la) habitación – (el) cuarto
(el) póster – (el) cartel
(la) alfombrilla – (el) tapete

(el) flexo – (la) lámpara flexible
(la) manta – (la) frazada – (la) cobija (Am. Lat.)

### TEMA 07

(el) recibidor – (la) entrada – (el) vestíbulo
(el) pomo de a puerta – (la) manita de la puerta
(la) mesita – (la) mesilla
(el) periódico – (el) diario
(el) perchero de pared – (la) percha – (el) colgador

### TEMA 08

(el) frigorífico – (la) nevera – (el) refrigerador (Am. Lat.)
(el) azulejo [decoración / pared] – (la) baldosa [suelo]
(el) aspirador – (la) aspiradora
(el) cazo - (el) bote
(la) olla – (la) cacerola
(la) fregona – (la) mopa

### TEMA 09

(la) mesa - (la) mesa de comer
(el) platito – (el) platillo
(la) cucharita – (la) cucharilla

### TEMA 10

(el) pantalón vaquero – (el) pantalón tejano – (el) pantalón de mezclilla (Am.Lat.)
(el) jersey – (el) suéter – (el) pulóver
(la) chaqueta de punto – (la) rebeca
(el) batín – (la) bata
(el) agujero de botón – (el) ojal
(la) pulsera – (el) brazalete

### TEMA 11

(el) césped – (la) hierba
(la) manguera – (la) manga de riego

(la) paleta – (la) palita de mano
(la) azada – (el) azadón
(la) escalera de mano – (la) escalerilla
(el) cobertizo – (la) caseta
(la) hoguera – (la) fogata

(la) llave – (la) llave inglesa

(la) mascota – (el) animal doméstico – (el) animal de compañía
(el) gato – (la) gata
(el) gatito – (la) gatita – (el) cachorro de gato
(el) perro – (la) perra
(el) perrito – (la) perrita – (el) cachorro de perro
(el) conejo – (la) coneja
(el, la) cobaya – (el) conejillo de Indias – (el) cobayo
(el) ratón – (la) ratona – (la) rata
(el) pez de colores – (el) pez tropical
(la) cesta – (el) cesto

(el) gusano – (la) lombriz
(la) polilla – (la) mariposa nocturna – (la) palomilla

### TEMA 15

(el) edificio de pisos – (el) bloque de apartamentos
(la) tienda – (el) comercio
(el) cine – (el) cinema – (el) cinematógrafo – (la) cinemateca – (la) filmoteca
(la) fábrica – (la) factoría
(la) cafetería – (el) café
(el) paso de peatones – (el) paso de cebra
(la) farola – (el) farol
(el / la) agente de policía – (el / la) policía
(la) tubería – (la) cañería

(el) taladro mecánico – (la) taladradora

(la) bicicleta – (la) bici
(la) motocicleta – (la) moto
(el) coche – (el) automóvil – (el) auto – (el) carro
(la) camioneta – (la) furgoneta
(el) bus – (el) autobús
(la) apisonadora – (el) camión de rodillo

(el) cocinero – (la) cocinera
(el) bailarín – (la) bailarina
(el) carnicero – (la) carnicera
(el) policía - (la) policía
(el) carpintero – (la) carpintera
(el) bombero – (la) bombera
(el) juez – (la) jueza / juez
(el) mecánico – (la) mecánica
(el) peluquero – (la) peluquera
(el) camionero – (la) camionera
(el) conductor – (la) conductora
(el) cartero – (la) cartera
(el) pintor – (la) pintora
(el) hombre rana – (el) buceador – (la) buceadora – (el, la) submarinista
(la) panadera – (el) panadero
(el) granjero - (la) granjera
(el) veterinario - (la) veterinaria

### TEMA 18

(el) zoo – (el) zoológico
(el) lobo – (la) loba
(el) ciervo – (la) cierva
(el) asta – (el) cuerno
(el) oso – (la) osa
(el) búfalo – (la) búfala

(el) oso panda – (la) osa panda
(el) oso polar – (la) osa polar
(el) iceberg – (el) témpano
(el) mono – (la) mona
(la) cola – (el) rabo
(el) león – (la) leona
(el) tigre – (la) tigresa
(el) camello – (la) camella
(el) elefante – (la) elefanta

### TEMA 19

(la) entrada – (la) salida
(la) verja – (la) valla
(el) camino – (el) sendero
(el) banco – (el) banco para sentarse
(el) balancín – (el) subibaja
(el) lago – (el) estanque
(la) gente – (las) personas
(el) niño - (la) niña
(el) bebé – (la) bebé – la) beba (coloquial)
(el) pícnic – (la) comida al aire libre
(el) cochecito – (el) carrito para bebés

### TEMA 20

(el) pájaro – (la) pájara
(el) zorro – (la) zorra

### TEMA 21

(la) escuela – (el) colegio
(la) maestra – (el) maestro
(la) niña – (la) chica – (la) alumna
(el) niño – (el) chico – (el) alumno
(el) alfabeto - (el) abecedario - (el) abecé
(el) papel (en blanco) – (la) hoja de papel
(el) bolígrafo – (el) boli
(el) lápiz de pastel – (el creyón – (el) lápiz de cera
(la) pintura de agua – (la) acuarela

(la) tijera – (las) tijeras
(la) cola – (el) pegamento

### TEMA 22

(la) enfermera – (el) enfermero
(la) doctora – el) doctor
(el) médico – (la) médica
(la) medicina - (el) medicamento - (el) fármaco
(la) jeringa – (la) inyección
(el) yeso – (la) escayola
(la) venda – (el) vendaje
(la) venda adhesiva – (la) tirita – (la) curita
(el) ascensor – (el) elevador (Am.Lat)
(la) pastilla – (la) píldora - (la) tableta

### TEMA 23

(la) oficina de Correos – Correos
(el) cartero – (la) cartera
(el) código postal – (el) código de área – (el) distrito postal
(el) destinatario – (la) destinataria – (el) beneficiario – (la) beneficiaria
(el) remitente – (la) remitente
(la) devolución – (el) retorno
enviar – mandar
consultar – confirmar

### TEMA 24

(el) banco – (la) entidad bancaria – (la) caja de ahorros
(la) libreta bancaria - (la) cartilla bancaria
(el) cajero automático – (el) dispensador automático
(el) efectivo – (el) dinero en efectivo – (el) dinero en metálico
(el) cheque – (e ) cheque bancario
(la) tarjeta de crédito – (la) tarjeta de débito
(el) interés – (el) beneficio
(el) bancario – (la) bancaria – (el) empleado

**Equivalencias** **237**

bancario / de banco – (la) empleada bancaria / de banco

(el) saldo – (el) balance

retirar – sacar (dinero)

(la) infancia – (la) sección infantil y juvenil -(la) sección de infancia)

(el) cómic – (la) historieta cómica – (el) tebeo

(el) superventas – (el) libro más vendido

(el) clip – (la) pinza para papel

(el) celo – (la) cinta adhesiva

(la) cuchilla (de oficina) – (el) cortador

(el) marcador – (el) resaltador – (el) rotulador

(el) bloc de notas – (la) libreta de notas

(el) ordenador – (la) computadora (Am. Lat.)

(el) ordenador portátil – (la) computadora portátil (Am. Lat.)

(el) documento – (el) archivo

(el) café Internet - (el) cibercafé

(la) página web – (el) sitio web (Am. Lat.)

(el) asunto – (el) tema – (el) motivo

(el) texto – (el) escrito

(el) aviso – (la) nota – (el) anuncio

salvar – guardar

cargar – subir

descargar – bajar

añadir – adjuntar – anexar

(el) teléfono móvil – (el) teléfono celular (Am. Lat.)

(el) vídeo – (la) grabación de vídeo – (el) video (Am. Lat.)

(el) directorio – (la) lista de contactos

(el) lavaplatos – (el) lavavajillas

(la) estufa – (la) calefacción – (el) calentador

(el) aire acondicionado – (el) acondicionador de aire

(la) aspiradora – (el) aspirador

(la) cocina – (el) fogón – (la) estufa  (Am. Lat.)

(el) frigorífico – (la) nevera – (la) heladera (Am. Lat.) - (el) refrigerador (Am. Lat.)

(la) batidora – (la) picadora

(la) licuadora – (la) mezcladora

(la) tostadora – (el) tostador

(el) microondas – (el) horno de microondas

(la) campana (extractora) de humo – (el) extractor

(la) plancha de cabello – (el) moldeador de cabello

(la) radio – (el) radio – (el) radiorreceptor

(el) televisor – (la) televisión – (la) tele – (la) TV

(el) vídeo – (el) reproductor de vídeo – (el) video

(el) mando a distancia – (el) control remoto (Am. Lat.)

(la) televisión – (la) tele – (la) TV

(el) noticiario – (el) boletín informativo – (el) telediario – (las) telenoticias

(el) presentador – (la) presentadora – (el) locutor – (la) locutora

(la) serie de TV – (la) telenovela – (el) serial – (el) culebrón

(la) película – (el) filme

(el, la) protagonista – (el) actor principal – (la) actriz principal – (el) personaje principal

(el) espectador – (la) espectadora

(la) radio - (la) radiodifusión

(la) emisora – (la) cadena

(la) prensa - (el) periódico - (el) diario

### TEMA 31

(el) alojamiento- (el) hostal- (la) pensión – (el) motel

(el) vestíbulo – (la) entrada

(la) reserva – (la) reservación (Am. Lat.)

(la) factura – (la) cuenta – (la) nota

(la) tarifa – (el) precio

(el) impuesto – (la) tasa

(el) ascensor – (el) elevador (Am. Lat.)

(el) piso – (la) planta

(la) habitación – (el) cuarto (individual, doble) – (el) dormitorio

(el) despertador – (el) reloj de alarma

**Expresiones**

desayuno incluido (breakfast included) 조식 포함

media pensión (half-board room) 한 끼만 제공하는 하숙

pensión completa (full board) 세 끼 모두 제공하는 하숙

**Verbos asociados**

reservar (reserve, book) 예약하다

registrarse (check in) 체크인하다

alojarse (accommodate) 숙박하다

dejar la habitación (check out) 체크아웃하다

pagar (pay) 지불하다

### TEMA 32

(la) tienda de alimentación – (la) tienda de alimentos – (la) tienda de comestibles – (el) colmado

(la) balanza – (la) báscula

### TEMA 33

(la) banana – (el) plátano

(el) melocotón – (el) durazno

### TEMA 34

(la) verdura - (la) hortaliza -(los) vegetales (Am. Lat.)

(la) alubia – (la) judía – (el) frijol

### TEMA 35

(el) almuerzo – (la) comida

(el) huevo hervido – (el) huevo duro – (el) huevo cocido

(la) tortita – (la) crepe – (el) panqueque (Am. Lat.)

(el) espagueti – (el) fideo

(la) patata frita – (la) papa frita (Am. Lat.)

### TEMA 36

(el) andén – (la) plataforma

(la) vía de tren – (el) raíl

(el) tren – (el) ferrocarril

(el) inspector de billetes – (el) revisor – (la) inspectora de billetes – (la) revisora

### TEMA 37

(la) pista – (la) pista de despegue – (la) pista de aterrizaje

(la) azafata – (el) azafato – (el, la) asistente de vuelo – (la) aeromoza – (el) aeromozo (Am. Lat.)

(el) avión – (el) aeroplano – (la) aeronave

(el) billete de avión – (el) boleto de avión (Am. Lat.)

(el) pasajero – (la) pasajera

(la) aerolínea – (la) compañía aérea – (la) línea aérea

(la) maleta – (la) valija – (la) maleta de mano

(la) cinta de equipajes – (la) cinta de recogida de equipajes

(la) maleta de ruedas – (la) maleta con ruedas

### TEMA 38

(el) taller – (el) taller de reparación

(el) capó – (el) capote

(el) neumático – (la) llanta

(el) camión cisterna – (el) camión con tanque – (el)

camión cuba

(el) garaje – (la) cochera – (el) aparcamiento

(el) tronco – (el) leño – (la) leña

(la) cascada – (la) catarata – (el) salto de agua

(el) arroyo – (el) riachuelo

(la) indicación – (la) señal – (el) poste de indicaciones

(la) tienda de campaña – (la) tienda de camping – (la) tienda de acampada

(la) horca – (la) horquilla

(el) pajar – (el) altillo del pajar

(el) almiar – (el) pajar (al descubierto)

(el) barro – (el) lodo

(el) huerto – (el) huerto de árboles frutales – (el) huerto frutal

(la) cerca –(la) valla – (el) vallado

(el) carro de mano - (la) carretilla

(el) granjero – (la) granjera

(el) perro pastor – (el) perro ovejero

(el) caballo - (la) yegua - (el) potro – (la) potra

(el) burro – (el) asno – (la) burra

(el) ternero - (la) ternera

(el) pastor – (la) pastora

(el) cerdo – (la) cerda – (el) puerco – (la) puerca – (el) marrano – (la) marrana

(el) polluelo – (el) pollito

(el) ganso – (la) gansa – (la) oca

(el) pavo – (la) pava

(el) pato – (la) pata – (el) ánade

(el) patito – (el) polluelo de pato

(la) isla – (la) ínsula

(la) sombrilla – (el) quitasol – (el) parasol

(la) tumbona – (la) silla de playa – (la) hamaca

(el) bañador – (el) traje de baño

(el) tubo respirador - (el) tubo de buceo - (el) tubo de bucear

(la) maroma – (la) cuerda

(el) barco de pesca – (el) barco pesquero

(la) barca (de remos) – (el) bote

(el) marinero – (la) marinera

(la) lancha a motor – (la) motora

(el) yate – (el) velero – (el) barco de vela

(el) barco – (el) buque – (el) navío

(el) barco petrolero – (el) barco carguero

(la) cadena de papel – (la) decoración de papel

(el) pastel – (la) tarta – (la) torta

(el) zumo de fruta – (el) jugo de fruta (Am. Lat.)

(la) pajita – (la) paja – (la) pajilla – (el) sorbete – (la) cañita – (el) popote (Am. Lat.)

(el) aperitivo – (el) refrigerio – (el) tentempié

(el) bocadillo – (el) emparedado – (el) sándwich

(el) caramelo – (el) dulce

(la) vela – (la) candela – (la) vela de cumpleaños

**Expresiones**

¡Felicidades! – ¡Muchas felicidades!

¡Feliz cumpleaños! – ¡Por muchos años!

(el) kárate – (el) karate

(la) arquería – (el) tiro con arco

(el) judo – (el) yudo

(el) jogging – correr

(el) fútbol - (el) balompié

(la) equitación – montar a caballo

(el) tenis de mesa – (el) ping-pong

(el) telesquí – (el) telesilla

## TEMA 45

(la) tienda de juguetes – (la) juguetería

(el) tren de juguete – (el) set completo de un tren de juguete

(el) balón – (la) pelota

(el) silbato – (el) pito

(la) plastilina – (la) arcilla plástica

(el) velero – (el) yate

(el) caballito – (el) balancín

(el) rompecabezas – (el) puzle

(el) cordel – (la) cuerda – (el) hilo

(la) comba – (la) cuerda de saltar

(el) patín de ruedas – (el) patín en línea

## TEMA 46

(la) flauta – (la) flauta dulce

(el) saxófono – (el) saxofón

(el) chelo – (el) violonchelo

(el) xilófono – (el) xilofón

## TEMA 47

(el) tiovivo – (el) carrusel

(la) palomita – (la) roseta de maíz – (el) pochoclo (Am. Lat.)

(el) autochoque – (el) auto de choque

(la) tienda de juguetes - (la) juguetería

## TEMA 48

(la) pértiga – (el) balancín

(el) domador – (la) domadora

(el) can – (el) perro de circo

(el) mago – (la) maga

(el) conejo enano – (el) conejo de chinchilla

(la) chistera – el) sombrero de copa (alta)

(la) banda – (la) banda musical – (la) banda de música

(el) payaso – (la) payasa

(la) pajarita – ( a) corbata de lazo

(el) púrpura – (el) violeta – (el) lila

adj. blanco, blanca

adj. negro, negra

adj. rojo, roja

adj. amarillo, amarilla

adj. dorado, dorada

adj. plateado, plateada

(la) elipse – (el) óvalo

(la) media luna – (la) lúnula

(el) día de trabajo – (el) día laborable (labor/work day)

(el) día feriado – (el) día festivo (holiday)

(el) fin de semana (weekend)

(el) día libre (day off)

(el) regalo – (el) presente -(el) obsequio

(la) vela – (la) candela

(el) fotógrafo – (la) fotógrafa

Papá Noel – Santa Claus – San Nicolás – Viejito Pascuero (Am. Lat.)

(la) estación - (la) temporada del año -(la) época

del año
(el) verano – (el) estío

(el) clima - (el) tiempo
(el) rayo – (el) relámpago
(la) neblina – (la) bruma
(el) arcoíris – (el) arco iris – (el) arco de colores

**Extra**

(el) espacio – (Space)
(el) universo – (Universe)
(la)Tierra – (Earth)
(el) Sol – (Sun)
Mercurio – (Mercury)
(la) Luna – (Moon)
Venus – (Venus)
(el) planeta – (planet)
(la) estrella – (star)
(el) cometa – (comet)
(la) galaxia – (galaxy)
(el) eclipse – (eclipse)
Marte (Mars)
Jupiter (Jupiter)
Saturno (Saturn)
Neptuno (Neptune)
Plutón (Pluto)